Alles klar!

Lern- und Übungsheft

Rechtschreiben 9|10

Neue Ausgabe

Erarbeitet von

Alexandra Dauth und
Toka-Lena Rusnok

[redacted]

Cornelsen

Textquellenverzeichnis

S. 7 Graffiti – Kunst aus der Dose. Nach: Barbara Lich: Graffiti – Kunst aus der Dose. http://www.geo.de/GEOlino/mensch/68875.html [24. 05. 2012]. **S. 11** Hip-Hop – Popkultur der Schwarzen. Nach: Ingo Neumayr: Hip-Hop: das CNN der Schwarzen. http://www.planet-wissen.de/laender_leute/usa/new_york/musik.jsp [24. 05. 2012]. © Ingo Neumayr. **S. 26** Warum klingt die eigene Stimme so fremd? Nach: Alles klar? Warum Asiaten kein Deo brauchen und 500 andere Rätsel des Alltags. Best of ZDFtext „Die Frage des Tages". Quelle: Prof. Dr. Annerose Keilmann, Schwerpunkt Kommunikationsstörungen, HNO-Klinik der Universitätsmedizin Mainz. München: Heyne 2011, S. 89. **S. 32** Welches Wort kommt in den Duden? Nach: Wie kommt etwas in den Duden? In: Alles klar? Warum Asiaten kein Deo brauchen und 500 andere Rätsel des Alltags. Best of ZDFtext „Die Frage des Tages". Quelle: Dudenredaktion, Mannheim. München: Heyne 2011, S. 154. **S. 37** Deutsche Wörter wandern aus. Nach: http://www.geo.de/GEOlino/nachrichten/51999.html [24. 05. 2012]. **S. 39** Wale sprechen Dialekt. Nach: http://www.geo.de/GEOlino/natur/tiere/50452.html [24. 05. 2012]. **S. 40** Von der Rolle: Laufen und Rollen mit Heelys. http://www.funsporting.de/funsporting+HOT_OR_NOT+Heelys.htm [24. 05. 2012]. **S. 52** Spiele gehören zu den… Nach: Gregor Delvaux de Fenffe: Spielen. http://www.planet-wissen.de/sport_freizeit/spiele_spielzeug/spielen/index.jsp. [24. 05. 2012] **S. 69** Unglaublich, aber wahr! Nach: John Guest: Unglaublich, aber wahr! Tausende verrückte, außergewöhnliche und einfach unglaubliche Fakten. Übersetzung: Heinrich Degen, München. Bath: Parragon 2008, Umschlagtext. / Die Welt des Menschen – geniale und auch weniger geniale Erfindungen. ebd. S. 95. / Die Welt des Menschen – fantastische Gebäude. ebd. S. 91. **S. 70** Gewiefte Diebe. ebd. S. 72. / Tolle Tiere – Tierolympiade. ebd. S. 188 f. / Tolle Tage – Vampirbiss. dpa/eu.http://www.unmoralische.de/chronik4.htm [25. 05. 2012]. **S. 71** Wenn die Mächtigen… Nach: Joachim Heimannsberg: Was so nicht im Lexikon steht. Gütersloh/München: Brockhaus 2010, S. 39. **S. 71 f.:** Wissenswertes über Träume. Nach: Sebastian Herrmann: Die fliegende Katze. 1000 Kuriositäten aus dem Alltag. München: Knaur 2010, S. 34 f. **S. 77** Welcher *s*-Laut passt? Nach: Alles klar? Warum Asiaten kein Deo brauchen und 500 andere Rätsel des Alltags. Best of ZDFtext „Die Frage des Tages". München: Heyne 2011, Inhaltsübersicht. / Menschen, die längere Zeit … Nach: Alles klar? Warum Asiaten kein Deo brauchen und 500 andere Rätsel des Alltags. Best of ZDFtext „Die Frage des Tages". Quelle: Prof. Dr. Damaris Nübling, Deutsches Institut, Universität Mainz. München: Heyne 2011, S. 175 f. **S. 78** dass oder das? Nach: Alles klar? Warum Asiaten kein Deo brauchen und 500 andere Rätsel des Alltags. Best of ZDFtext „Die Frage des Tages". München: Heyne 2011, Inhaltsübersicht.

Wir danken den Rechteinhabern für die Abdruckgenehmigung. Da es uns leider nicht möglich war, alle Rechteinhaber zu ermitteln, bitten wir, sich gegebenenfalls an den Verlag zu wenden.

Bildquellenverzeichnis

S. 9 © Graffiti-Fotolia.com **S. 22** © xy-Fotolia.com **S. 37** © Daniel Ernst-Fotolia.com **S. 53** © beermedia-Fotolia.com **S. 70** © K.-U. Häßler-Fotolia.com **S. 76** © olly-Fotolia.com **S. 78** oben rechts © Natalia Mylova-Fotolia.com **S. 78** Mitte rechts © corky46-Fotolia.com **S. 78** unten rechts © Cornelia Pithart-Fotolia.com

Redaktion: Ulrike Staffehl
Bildrecherche: Angelika Wagener
Illustrationen: bildbad – Jutta Melsheimer und Kai Hofmann, Berlin
Umschlaggestaltung: Cornelsen Verlag Design
Layout und technische Umsetzung: Wladimir Perlin, Berlin

www.cornelsen.de

1. Auflage, 1. Druck 2012

Druck: Stürtz GmbH, Würzburg

ISBN 978-3-464-60452-6

Inhalt gedruckt auf säurefreiem Papier aus nachhaltiger Forstwirtschaft.

Inhalt

Strategien 2

So arbeitest du mit dem Heft:

Strategien 1

Hier lernst du, welche Tipps dir helfen, Rechtschreibfehler zu vermeiden.

Übungen

Hier kannst du selbstständig üben.

→ **Tipp 1** verweist dich auf die Tipps im Strategieteil und auf den Klappen.

Kontrolliere deine Ergebnisse mit dem Lösungsteil.

Teste dich!

Mit den Testaufgaben kannst du dein Wissen und Können überprüfen.

- Trage die erreichten Punkte in die Kästchen ein und rechne die Gesamtpunktzahl aus.
- Schlage im Lösungsteil nach, wie du weiterarbeiten kannst.

Anwenden und vertiefen

○● Hier kannst du weiterüben, wenn du noch nicht so sicher in der Rechtschreibung bist.

●● Hier kannst du weiterüben, wenn du schon sehr sicher in der Rechtschreibung bist.

Strategien 2

Hier lernst du, mit welchen Techniken du weiterüben kannst, um noch sicherer in der Rechtschreibung zu werden.

Wichtige Rechtschreibtipps auf einen Blick

findest du in den Umschlagklappen.

Merkwissen im Überblick

findest du auf den Innenseiten des Umschlags.

Strategien 1

So vermeidest du Rechtschreibfehler

1 Mit welcher Rechtschreibstrategie kannst du die durchgestrichenen Falschschreibungen jeweils vermeiden? Ordne jedem der verbesserten Fehler einen oder mehrere der sechs Tipps aus den Umschlagklappen zu.

Straßenkunst Graffiti

spezielle
- Die Künstler verwenden für ihre großen „Bilder“ häufig ~~speziele~~ Farben aus Dosen.

aktuellsten
- Es entwickeln sich immer wieder neue Trends. Die ~~Aktuellsten~~ kann man in Berlin bewundern.

Gebäuden
- Auch an ~~Gebeuden~~ lassen sich die „Bilder“ finden.

das
- Das Kürzel, ~~dass~~ der Künstler unter sein Werk sprayt, nennt man *Tag*.

exponierten
- Man findet die Werke häufig an Bahnhöfen und anderen ~~expohnierten~~ Stellen.

Bestand
- Einige Werke haben lange ~~Bestant~~, viele müssen jedoch kostenintensiv entfernt werden.

2 a) In dem folgenden Text sind zwölf Fehler versteckt. Suche die Fehler und markiere sie.

Achtung, Fehler!

Graffiti – Kunst aus der Dose

Seit seiner Jugent begeistert sich Mapeone, dabei handelt es sich um sein Pseudonym, für gesprühte Bilder. Auf diesen Künstlernamen kommt es in der Szene an, denn ein Sprayer hinterläst letztentlich überall seine Unterschrift.

Neben dem illegalen Sprühen, dass von der Polizei strafrechtlich verfolgt wird und sogar bis ins Gefängniss führen kann, gibt es mittlerweile auch Möglichkeiten, legal Kunstwerke an Wände und Fasaden zu sprayen.

Der Anreitz ist hier zwar manchmal nicht ganz so groß, doch ist der künstlerische Anspruch viel höher. Zum Teil handelt es sich auch um Auftragsarbeiten, die sehr zeitintensiv sind und eine gewisse Kondizion und Disziplin erfordern. Die Künstler versuchen dabei, alles von ihnen verlangte umzusetzen, wobei sie jedoch immer auch ihren eigenen Stiel und Charakter einarbeiten. Nach dem sie einen Auftrag erhalten haben, sammeln sie Ideen und gehen dann, nachdem Auswählen der entsprechenden Farben, engagiert ans Werk.

b) Verbessere die markierten Wörter und unterstreiche bei deiner Korrektur den Buchstaben, bzw. die Buchstabenverbindung, die im Text fehlerhaft ist.

c) Ordne die korrigierten Wörter den Rechtschreibtipps aus den Umschlagklappen zu.

d) Überprüfe mit Hilfe der Lösung.

3 a) Lies die Sätze in der linken Tabellenspalte. Notiere in der rechten Spalte die passende Strategie, mit der du die korrekte Schreibung des markierten Wortes erklären kannst.

Satz	Strategie
Den Sprayern macht es Spa**ß**, im Freien zu arbeiten.	
Die Details der Motive müssen **säu**berlich ausgearbeitet werden.	
Viele Künstler begründen den Reiz an Graffiti damit, **dass** sie immer besser werden wollen.	
Für ein gutes Bild sind Geduld und Inspiration oft **Voraussetzung**.	
Häufig fallen die Kunstwerke sehr bun**t** und grell aus.	

Strategien:

- **A** Ich verlängere das Wort, indem ich es steigere.
- **B** Ich suche ein verwandtes Wort mit demselben Wortstamm.
- **C** Ich zerlege das Wort und achte auf Vor- und Nachsilben.
- **D** Ich wende Regeln und grammatisches Wissen an, indem ich beispielsweise die Wortart bestimme.
- **E** Ich spreche das Wort genau und konzentriere mich auf die Vokallänge.

b) Formuliere je einen Beispielsatz mit den folgenden Wörtern. Gib an, mit welcher der Strategien aus ↗ Aufgabe a die richtige Schreibweise jeweils ermittelt werden kann.

ein bi◆chen: ____________________

____

Strategie: ____________________

nichts ◆ußergewöhnliches: ____________________

____

Strategie: ____________________

gutgl◆big: ____________________

____

Strategie: ____________________

4 a) Entscheide, welche sechs der folgenden Strategien hilfreich sind, um Rechtschreibfehler zu vermeiden. Kreuze sie an.

- ☐ Ich bilde den Plural eines Nomens.
- ☐ Ich füge einen Nebensatz ein.
- ☐ Ich suche ein verwandtes Wort mit demselben Wortstamm.
- ☐ Ich bestimme die Wortart.
- ☐ Ich bestimme die Satzglieder.
- ☐ Ich schlage das Fremdwort im Wörterbuch nach.
- ☐ Ich achte auf die Vokallänge.
- ☐ Ich schreibe das Wort so, wie ich es spreche.
- ☐ Ich bilde die Steigerungsform des Adjektivs.

b) Formuliere zu jeder der sechs Strategien ein oder mehrere Beispiele.

Strategie: Ich bilde den Plural eines Nomens.

Beispiele: das Pferd – die Pferde,

5 Die folgenden Karteikarten sind unvollständig.

Tipp 1: Sprich das Wort genau.
- *Ich achte auf die Vokallänge:*
  offen – der Ofen

Tipp 2: Wende Regeln und grammatisches Wissen an.
- *Ich kenne das Lern- bzw. Merkwort:*
- *Ich achte auf die Wortbedeutung:*
-

  Es ist fast so weit. / Sie fasst nach dem Glas.

Tipp 3: Zerlege das Wort. Nutze den Wortstamm und die Wortbestandteile.
- *Ich bilde den Infinitiv des Verbs:*

Tipp 4: Verlängere das Wort.
-

  rund – runder

Tipp 5: Achte auf inhaltliche Bezüge im Satz.
- *Ich beachte das Signalwort, das auf ein Nomen / eine Nominalisierung hinweist:*

Tipp 6: Schlage im Wörterbuch nach.
-

  das Xylophon

die Nachtigall, frei sprechen – freisprechen, das Wirken, erkennt – erkennen

a) Ergänze bei Tipp 2, 4 und 6 die jeweils passende Strategie. Du kannst dich an den Tipps in den Umschlagklappen orientieren.

b) Ordne die Beispielwörter aus dem Kasten den Karteikarten zu und kennzeichne relevante Stellen.

c) Schreibe zu jeder Strategie ein weiteres Beispiel auf.

6 **a)** Entscheide dich bei den markierten Wörtern für eine Schreibweise und notiere daneben die Nummer des Tipps aus den Umschlagklappen, der dir geholfen hat.

Hip-Hop: Popkultur der (*S/schwarzen*) ______________________ (____)

Fast zeitgleich zum Punk, der meist von Weißen für Weiße gespielt wird, (*end/tsteht*) ______________________ (____) in New Yorks (*Schwarzenvierteln / schwarzen Vierteln*) ______________________ (____) der Hip-Hop. Dieser ist anfangs eine indirekte Reaktion auf die Situation in den Mietskasernen und Sozialwohnungen. Die Wohnungen sind klein, andere Treffpunkte existieren nicht, also treffen sich immer mehr Jugendliche auf der Straße bei sogenannten Block Partys. Bei einer dieser Partys in der Bronx kreiert der jamaikanische DJ Kool Herc neue Versionen bekannter Songs, die meist nur auf (***Rhy/Ry**thmen*) ______________________ (____) und einem (*prä/egnanten*) ______________________ (____) musikalischen (*Moti**f/v***) ______________________ (____) basieren. Er fordert das Publikum per Mikrofon zum (***M/m**itmachen*) ______________________ (____) auf und benutzt dafür einen Sprechgesang aus kleinen Reimen und Slang-Ausdrücken – eine Technik, die später als Rap bekannt wird. Die Auftritte Kool Hercs sorgen schnell für Furore, seine Innovationen werden von DJs wie Grandmaster Flash oder Afrika Bambaataa aufgegriffen und (*weiterend/twickelt*) ______________________ (____). Der Hip-Hop ist geboren und wird zu einer ganzen Kultur, die auch Tanz, Graffiti und einen bestimmten Kleidungsstil (*einschlies/ßt*) ______________________ (____).

b) Überprüfe mit Hilfe der Lösung. Trainiere die Schreibung der Wörter, bei denen du Fehler gemacht hast, indem du dir zu jedem mindestens zwei neue Sätze überlegst.

Groß- und Kleinschreibung

Was kannst du?

Tipp 5 ←

1 **a)** Unterstreiche in dem folgenden Text alle Wörter, die du großschreiben musst.

WIR SUCHEN SIE!

SIE SIND JUNG, ARBEITEN MIT TIEREN MACHT IHNEN SPAß? SIE SIND AUFGESCHLOSSEN UND PROBIEREN GERNE ETWAS NEUES AUS? SIE SCHRECKEN TROTZ ARBEITSZEITEN SAMSTAGS UND SONNTAGS NICHT ZURÜCK? SIE KOMMEN AUS DEM BAYERISCHEN WALD ODER DER NÄHEREN UMGEBUNG? WIR BRAUCHEN SIE ZUR UNTERSTÜTZUNG UNSERES JUNGEN TEAMS. JEMANDEN, DER OHNE WENN UND ABER HINTER UNS UND UNSEREN TIEREN STEHT.

b) Schreibe den Text auf. Beachte dabei die Groß- und Kleinschreibung. Schreibe in dein Heft.

c) Notiere in der Tabelle für jede Regel zur Groß- und Kleinschreibung passende Beispiele.

Großschreibung: Dieses Wort ...	Beispiele
... ist ein Satzanfang.	*Sie sind;*
... ist ein Nomen.	
... ist ein nominalisiertes Verb oder Adjektiv.	
... ist eine nominalisierte andere Wortart.	
... ist ein Anredepronomen.	
... ist ein Eigen- oder Straßenname.	
Kleinschreibung: Dieses Wort ...	**Beispiele**
... ist eine Zeitangabe mit *-s* am Ende.	
... ist ursprünglich aus einem Nomen entstanden.	

Nominalisierte Verben und Adjektive großschreiben

1 **a)** Die Adjektive werden im Text einmal als Adjektiv und einmal als Nomen verwendet. Setze sie in der richtigen Groß- und Kleinschreibung ein.

→ **Tipp 5**

Bei meinem zweiwöchigen Praktikum im Zoo habe ich viele __________ (INTERESSANT) Dinge erfahren und jeden Tag viel __________ (NEU) kennen gelernt. Neben __________ (SCHÖN) Erlebnissen habe ich aber auch allerlei __________ (TRAURIG) erfahren. Das __________ (GUT) und vor allem __________ (INTERESSANT) ist jedoch die Arbeit mit den Tieren. Der __________ (ABWECHSLUNGSREICH) Tagesablauf ist zwar manchmal etwas __________ (ANSTRENGEND), aber das __________ (SCHÖN) ist, dass die Tiere einem die Arbeit danken. Ich konnte viele __________ (NEU) Dinge ausprobieren, die mir __________ (GUT) gefallen haben. Den __________ (TRAURIG) Abschied haben mir die Kollegen mit einer Schachtel Schokolade versüßt. Ich weiß noch nicht genau, ob ich so etwas __________ (ANSTRENGEND) später lange durchhalte, obwohl ich mir eigentlich etwas __________ (ABWECHSLUNGSREICH) gewünscht habe.

Achtung!
Superlative mit **am** schreibt man immer klein, z. B.: *am besten, am schönsten.*

Achtung!
Zahladjektive/Pronomen werden in der Regel kleingeschrieben, z. B.: *die einen, die anderen, die wenigen, die wenigsten, die vielen, die meisten, das meiste.*

b) Umkreise die Nomensignale im Text.

2 Bilde mit jedem Adjektiv zwei Sätze. Verwende es einmal als Nomen und einmal in seiner ursprünglichen Form.

positiv: ______________________________

____

grün: ______________________________

____

lustig: ______________________________

____

Hilfe
frech
Die Affen sind ganz schön ***frech***.
So etwas ***Freches*** habe ich noch nie gesehen.

Tipp 5 ←

Bei Eigennamen schreibt man alle zum Namen gehörenden Adjektive, Partizipien und Zahlwörter groß. Wenn du dir unsicher bist, dann schlage im Wörterbuch nach.

3 **a)** Lies den folgenden Bericht einer Schülerin.

NACH EINEM ERSTEN PRAKTIKUM BEIM ROTEN KREUZ HABE ICH GESTERN MEIN ZWEITES IM LEIPZIGER ZOO ABSOLVIERT. MORGENS HABE ICH DEM PFLEGER BEIM ZUBEREITEN DES FRÜHSTÜCKS FÜR DIE TIERE GEHOLFEN. ANSCHLIEßEND BIN ICH IHM BEIM REINIGEN DER KÄFIGE ZUR HAND GEGANGEN. AM ENDE WURDE DAS FUTTER IN DEN GEHEGEN VERTEILT. DANACH DURFTE ICH IHM BEI SEINEM TÄGLICHEN TRAINIEREN MIT DEN SEEHUNDEN ASSISTIEREN. IHR SCHNELLES LERNEN UND IHRE AUFFASSUNGSGABE IMPONIERTEN MIR. NUR DURCH HÄUFIGES ÜBEN LÄSST SICH EIN FORTSCHRITT ERREICHEN. BEIM EINBRECHEN DER DUNKELHEIT HALF ICH BEIM ABSPERREN DER AUßENGEHEGE.

b) Umkreise alle Satzanfänge und Nomen, die du großschreiben musst.

c) Unterstreiche anschließend die nominalisierten Verben und verbinde sie mit dem jeweils dazugehörigen Nomensignal.

d) Schreibe nun den Text in korrekter Groß- und Kleinschreibung in dein Heft.

e) Überprüfe mit Hilfe der Lösung. Formuliere mit den Wörtern, die du nicht korrekt geschrieben hast, neue Sätze.

____

____

____

4 Entscheide, ob die Verben im folgenden Text als Nominalisierung oder als Verb verwendet werden müssen.

Es macht viel Spaß, den Eisbären beim ______________ (SPIELEN) zuzusehen. / Gerade die jungen ______________ (SPIELEN) fast den ganzen Tag miteinander. Außerdem nutzen sie jede Möglichkeit, um zu ______________ (TAUCHEN). / Das ______________ (TAUCHEN) ist ihre große Leidenschaft. Noch größer ist allerdings ihr Appetit. Wenn sie könnten, würden sie den ganzen Tag ______________ (FRESSEN). / Manchmal müssen sie sich ihr ______________ (FRESSEN) aber auch hart erarbeiten.

5 Im Zoo sind einige Dinge nicht gestattet. Schreibe Verbotsschilder, indem du die Verben nominalisierst.

~~gekennzeichnete Wege verlassen~~ – an Scheiben klopfen – Gehege unerlaubt betreten – über Zäune klettern

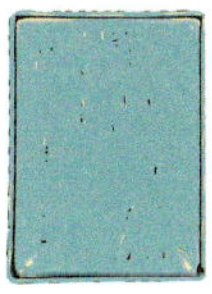

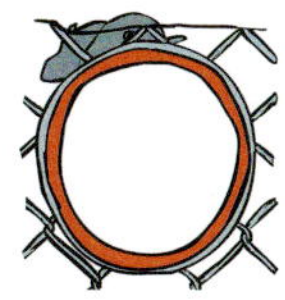

6 Manchmal fehlen die Begleiter als Nomensignal im Text. Überprüfe, ob du den unterstrichenen Wörtern einen Artikel voranstellen könntest. Streiche die falsche Schreibweise durch und schreibe den Satz gegebenenfalls mit Artikel auf.

Sie sagt, aufstehen/Aufstehen früh am Morgen sei anstrengend.

Allerdings sei es interessant, mit den Tieren zu arbeiten/Arbeiten.

Sie findet, arbeiten/Arbeiten sei schöner als der Unterricht.

Außerdem habe frühes aufstehen/Aufstehen auch gutes/Gutes.

Verben und Adjektive, die als **Nomen/Substantive** gebraucht werden, schreibt man **groß**.

Begleitwörter helfen, **Nominalisierungen** zu erkennen:

- Bestimmte und unbestimmte Artikel, z. B. ***das*** *Schöne*, ***ein*** *Fauchen*.
- Adjektive, z. B.: ***Lautes*** *Fauchen überraschte uns*.
- Possessiv- und Demonstrativpronomen, z. B.: ***Sein/dieses*** *Fauchen erschreckte uns*.
- Mengenangaben, z. B.: ***alles*** *Gute*, ***etwas*** *Neues*, ***wenig/viel/nichts*** *Schönes*.

Weitere Nominalisierungen und feste Wendungen großschreiben

Achtung!
Folgende Pronomen werden immer kleingeschrieben: *mancher, manche, manches; jener, jene, jenes; jeder, jede, jedes; alle, alles, allen; beide, beides, beiden.*

1 Unterstreiche in folgenden Sätzen die Nominalisierungen.

- Du solltest ohne Wenn und Aber hinter deiner Entscheidung stehen.
- Man muss das Für und Wider eines jeden Berufs abwägen.
- Das ewige Hin und Her kostet viele Nerven.
- Mein Arbeitskollege bot mir das Du an.
- Jeder Einzelne erfüllt eine wichtige Aufgabe.
- Spätestens am Fünfzehnten musst du deine Bewerbung abgeben.

Tipp 5 ←

2 **a)** Bilde aus den Wortbausteinen feste Wendungen.

im
(Präposition + Artikel) **+** folgen, groß und ganz, nachhinein, entfernt, unklar, voraus, allgemein, wesentlich, übrig, einzeln, gering

im Folgenden, ______________________________

____

____

b) Setze nun geeignete Wendungen in den Lückentext ein.

Dieser Beruf hat nicht ______________ etwas mit meinen Vorstellungen zu tun. ______________ hätte ich mich genauer über dieses Berufsbild ______________ informieren müssen. Trotzdem war es ______________ ______________ kein verlorener Tag. ______________ werde ich Stellenanzeigen jedoch etwas kritischer lesen.

c) Formuliere aus den Wendungen, die du nicht eingesetzt hast, jeweils einen Satz.

____

____

____

3 Ergänze im Merkkasten Beispiele aus den vorherigen Aufgaben.

Alle Wortarten können in einem Satz zu **Nomen/Substantiven** werden. In diesem Fall muss man sie **großschreiben**.

Pronomen: das Ich, ___

Präpositionen: das Auf und Ab, ___

Konjunktionen: das Aber, ___

Adverbien: das Gestern und Heute ___

Zahlwörter: der Dritte, ___

Ebenfalls großgeschrieben werden viele feste Wendungen, z. B.: im Allgemeinen, ___

___

4 Im folgenden Text werden die genannten Wortarten entweder als Nomen oder in ihrer ursprünglichen Form verwendet. Entscheide dich für die korrekte Schreibweise.

→ **Tipp 5**

Hat man sich nach langem ___ (hin und her) für einen Beruf entschieden, steht im ___ (folgen) das Erstellen der Bewerbungsmappe an. Jeder ___ (einzeln) Bewerber muss ___ (hier) gewisse Normen berücksichtigen, an die man sich halten sollte. Diese Mappe ist als ___ (ganz) zu sehen und spiegelt das ___ (ich) des Kandidaten wider. Sie vermittelt den Personalverantwortlichen im ___ (voraus) einen ___ (ersten) Eindruck. Zum ___ (wesentlich) Bestandteil zählt neben dem Anschreiben, dem Lebenslauf, den Zeugnissen und Praktikumsbestätigungen ein Foto, das ein professioneller Fotograf gemacht hat.
Wer sich im ___ (unklar) ist, ob ___ (weiter) verlangt ist, sollte sich im ___ (vorhinein) bei dem Betrieb informieren.
Außerdem muss man auf Fristen achten, denn wer seine Mappe statt am ___ (ersten) am ___ (zweiten) abgibt, wird von ___ (vornherein) nicht berücksichtigt. Hier entscheiden die Personalchefs ohne ___ (wenn) und ___ (aber).

Zeitangaben groß- oder kleinschreiben

Tipp 2 ←

1 a) Setze in folgenden Sätzen die Zeitangaben jeweils in der korrekten Schreibweise ein.

Am ____________ (MITTWOCH) kommt immer der Tierarzt, um nach den Jungtieren zu sehen. Daher sind die Tiere ____________ (MITTWOCHS) besonders unruhig. Wir haben ____________ (DONNERSTAGS) immer ziemlich gute Besucherzahlen, denn jeden ____________ (DONNERSTAG) ist Familiennachmittag. Gestern ____________ (MORGEN) mussten wir zuerst die Erdmännchen einfangen, was bis zum ____________ (NACHMITTAG) gedauert hat. Ich glaube, ____________ (MORGEN) nehme ich mir ____________ (NACHMITTAGS) frei. Für ____________ (MONTAGMITTAG) hat sich der Tierarzt angekündigt. Alle Praktikanten gehen ____________ (MONTAGMITTAGS) zusammen essen.

b) Überprüfe deine Lösung, indem du die Nomensignale umkreist.

Achtung!
Steht jedoch vor diesen Zeitangaben ein Nomensignal, so schreibt man sie groß, z. B.: *eines Nachts, eines Nachmittags, eines Montagmorgens.*

2 Vervollständige die folgende Regel.

> Tageszeiten und Wochentage werden *großgeschrieben*, wenn sie als ____________ / ____________ gebraucht werden, z. B.: ____________ .
>
> Außerdem werden sie nach den Zeitadverbien *gestern, heute, morgen* großgeschrieben.
>
> Drücken Zeitangaben aus, dass etwas regelmäßig geschieht, wird ein -___ angehängt und die Form kleingeschrieben, z. B.: ____________ .

ABEND
ABENDS
FRÜH
MORGEN
MORGEN
MORGENS
NACHTS
SPÄT
NACHTS

3 Wähle aus dem Wortspeicher die passenden Zeitangaben aus und setze sie in die Lücken. Achte auf die korrekte Schreibung.

Meine Arbeit beschäftigt mich von ____________ bis ____________. Ich komme erst am späten ____________ nach Hause, liege dann ____________ noch lange wach und komme ____________ nur schwer aus den Federn. Doch ab ____________ wird alles anders. Ich gehe ____________ in die Sauna, um auszuspannen. So kann ich ____________ besser schlafen und bin am ____________ frisch und munter.

Anredepronomen großschreiben

1 Setze die fehlenden Personalpronomen in der korrekten Schreibung ein.

Sehr geehrte Frau Soltau,

durch die interessante Beschreibung des Berufsbildes und ________ Arbeitsstätte bin ich in der Münchner Zeitung auf ________ Ausbildungsangebot aufmerksam geworden: Ich bewerbe mich daher um eine Ausbildung zum Tierpfleger in ________ Haus. Zurzeit besuche ich die Städtische Realschule in München, die ich voraussichtlich im Juni nächsten Jahres mit dem Mittleren Schulabschluss verlassen werde. Über den von ________ angebotenen Ausbildungsberuf habe ich mich im Berufsinformationszentrum und im Internet kundig gemacht. Für die von ________ beschriebenen Anforderungen bringe ich die entsprechenden Voraussetzungen mit. Gerne würde ich ________ in einem persönlichen Gespräch von meiner Person überzeugen. Über eine Einladung von ________ Seite würde ich mich sehr freuen.

Mit freundlichen Grüßen

Claus Lengenfeld

Achtung!
In persönlichen Briefen kann man die Anredepronomen auch durchgängig großschreiben.

Höflichkeitsformen der Anredepronomen *(Sie, Ihr, Ihre, Ihnen)* werden immer großgeschrieben. Alle anderen Anredepronomen wie z. B. *du, euch, ihr* werden in der Regel kleingeschrieben.

2 Setze die Pronomen *ihr* und *sie* in den korrekten Formen ein.

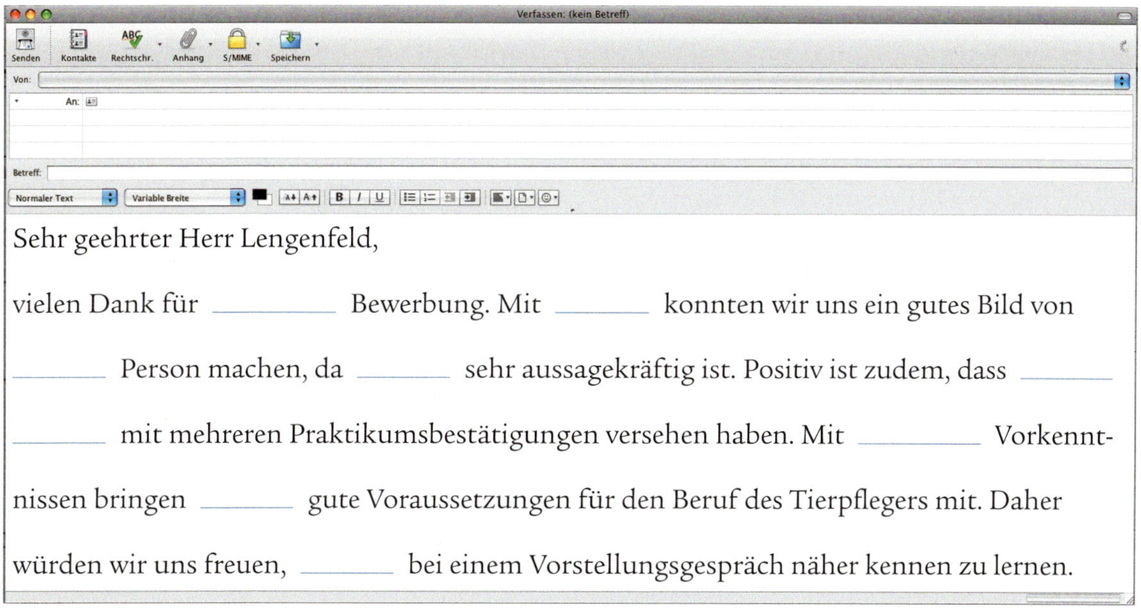

Sehr geehrter Herr Lengenfeld,

vielen Dank für ________ Bewerbung. Mit ________ konnten wir uns ein gutes Bild von ________ Person machen, da ________ sehr aussagekräftig ist. Positiv ist zudem, dass ________ ________ mit mehreren Praktikumsbestätigungen versehen haben. Mit ________ Vorkenntnissen bringen ________ gute Voraussetzungen für den Beruf des Tierpflegers mit. Daher würden wir uns freuen, ________ bei einem Vorstellungsgespräch näher kennen zu lernen.

Besondere Fälle der Kleinschreibung/Denominalisierungen

Tipp 5 ←

1 Ebenso wie Verben und Adjektive nominalisiert werden können, können Nomen auch denominalisiert werden. Lies folgende Beispiele und verbinde sie mit der entsprechenden Erklärung.

Er hat das Praktikum **dank** seiner Vorbereitung gut absolviert.	Verwendung als Nomen.
Am Ende haben mir die Kollegen **Dank** ausgesprochen.	Verwendung als Präposition.

Mir ist **angst.**	Das Wort steht in Verbindung mit dem Verb *sein*.
Ich habe **Angst.**	Verwendung als Nomen.

Tipp 5 ←

2 Setze die fehlenden Wörter in der korrekten Schreibung ein und erkläre die Schreibweise wie in ↗ Aufgabe 1.

Er wollte __________ seines Lebens im Zoo arbeiten.

____

Im Zoo verbrachte er einen großen Teil seiner __________ .

____

ZEIT

Du bist selbst ______________ , dass das mit dem Praktikum nicht geklappt hat.

____

Es ist meine ______________ , dass ich den Termin verpasst habe.

____

SCHULD

Der kleine Pinguin steht ______________ der anderen Tiere.

____

Er steht im ______________ .

____

ABSEITS

3 Verbinde die Regeln für die Kleinschreibung mit den dazugehörigen Beispielen.

Regel → Kleingeschrieben werden …
Wörter im Satz (Adjektive, Partizipien, Pronomen), die sich auf ein Nomen im Satz beziehen:
Wörter, die ihre Eigenschaft als Nomen verloren haben und die Aufgabe einer anderen Wortart übernehmen, z. B. die Präpositionen *dank, zeit:*
die Wörter *angst, bange, leid, pleite, schuld* in Verbindung mit den Verben *sein, bleiben:*
einige feste Verbindungen aus Präposition und Adjektiv:
bestimmte Adverbien, Konjunktionen, Präpositionen auf *-s* und *-ens:*
unbestimmte Zahlwörter:

Beispiel
Sie ist **schuld.**
ein paar, ein bisschen
abseits, teils … teils, anfangs, seitens, morgens
Diese Nachricht ist die **aktuellste.**
Sie macht **trotz** des Regens einen Spaziergang.
von fern, schwarz auf weiß, über kurz oder lang, durch dick und dünn

4 Streiche in den folgenden Beispielsätzen die falsche Schreibweise durch.

→ Tipp 5

Die beiden sind endlich ein Paar/paar geworden.
Sie schenkte ihm ein Paar/paar Bücher.
Heute kaufe ich mir ein Paar/paar Schuhe.
Sie betrachtete ihn aus der Ferne/ferne.
Das hätte er gern Schwarz/schwarz auf Weiß/weiß gehabt.
Er konnte das Weiß/weiß in seinen Augen sehen.
Über Kurz/kurz oder Lang/lang werden sie sich wiedersehen.
In der Kürze/kürze liegt die Würze.
Sie wollte Anfangs/anfangs nichts von ihm wissen.
Am Anfang/anfang sah es vielleicht für die beiden so aus.
Er konnte Seitens/seitens der Schule an den Sportwettkämpfen teilnehmen.
Von Seiten/seiten seiner Eltern bestanden keinerlei Schwierigkeiten.
Zu dem Fest kamen die Leute von Nah/nah und Fern/fern.

5 Unterstreiche in den folgenden Sätzen die Wendungen mit *Mal*/*-mal*.

Ich merke, dass ich von Mal zu Mal sicherer im Umgang mit den Tieren werde. Doch einmal habe ich nicht aufgepasst und mir ist ein Zebra entwischt. Manchmal glaube ich, dass es manches Mal besser wäre, sich etwas mehr Zeit zu nehmen.

6 Ergänze nun den Merkkasten.

> *Das Wort ______ schreibt man groß, wenn es als ______ verwendet wird.*
> *Die Adverbien mit dem Baustein ______ dagegen schreibt man ______.*

7 Wende die Regel an und notiere die korrekte Schreibung.

Hinweis
In einer Lücke sind zwei Schreibweisen richtig.

Ich möchte mich ______ (VIELMALS) für mein Zuspätkommen entschuldigen. ______ (BEIMLETZTENMAL) konnte ich jedoch nichts dafür. Obwohl ich meinen Wecker ______ (MEHRMALS) kontrolliert habe, hat er nicht geklingelt. Ich habe bereits ______ (MEHREREMALE) die Batterie gewechselt.

______ (VONMALZUMAL) wird es einfacher, das Füttern in der vorgegebenen Zeit zu schaffen.

______ (EINIGEMALE) durfte ich schon die Elefanten versorgen, doch ______ (OFTMALS) vergesse ich dabei die Zeit.

Ich kann mich noch sehr gut daran erinnern, als ich ______ (DASERSTEMAL) einen Delfin streicheln konnte.

Bereits ______ (ZWEIMAL) durfte ich mit den Meerestieren trainieren.

Das werde ich ______ (NIEMALS) vergessen.

Teste dich!

Groß- und Kleinschreibung

1 Markiere in den folgenden Sätzen alle Wörter, die du großschreiben musst. /12

ich verbringe vormittags beim füttern viel zeit mit den tieren.
zu den besuchen am nachmittag bringe ich oft etwas besonderes mit.
auf mein kommen morgen abend freuen sich meine eltern.

2 Entscheide, ob die unterstrichenen Wörter groß- oder kleingeschrieben werden müssen. Streiche die falsche Form durch. /4

Gestern hatte ich ein aufregendes/Aufregendes Erlebnis.
Er wünschte mir vor dem Vorstellungsgespräch alles gute/Gute.
Der Personalchef begrüßte die anwesenden/Anwesenden des Einstellungstests.
Zunächst gab er etwas wichtiges/Wichtiges bekannt.

3 Suche aus dem Wortspeicher die passenden Wörter aus und setze sie korrekt ein. /9

Ich liebe meinen Job ________ der langen Arbeitszeiten. Das bedeutete für mich zwar ________ eine Umstellung, aber ich hatte davor keine ________ . An meinem ersten Tag war mir ein ________ mulmig zumute, aber ein ________ nette Kollegen haben mir alles gezeigt. Zunächst bekam ich ein ________ Gummistiefel, um dem schlechten Wetter zum ________ im Gehege zu arbeiten. Das war aufregend und selbst vor den großen Tieren war mir nicht ________ und ________ .

ANFANGS
ANGST
ANGST
BANGE
BISSCHEN
PAAR
PAAR
TROTZ
TROTZ

4 Setze in die Lücken die korrekten Personal- und Anredepronomen ein. /16

Liebe Frau Stein,

am Montag fahre ich für drei Tage weg. Würden ______ sich wieder um meine Hasen kümmern? Futter und Heu finden ______ im Schuppen. Bitte geben ______ ______ ______ Futter nur einmal am Tag. Lassen ______ ______ morgens in das Außengehege, damit ______ sich etwas austoben können. Da ______ danach oft sehr durstig sind, bitte ich ______ , ______ frisches Wasser in ______ Tränke zu füllen. In der Regel gehen ______ abends von alleine in ______ Stall. Sobald ich zurück bin, rufe ich ______ an.

Herzlichen Dank! ______ Luisa Deckert

gesamt /41

Groß- und Kleinschreibung

1 **a)** Lies die folgenden Strategien.

1. Satzanfänge und Nomen werden großgeschrieben.
2. Nominalisierte Verben und Adjektive schreibt man groß.
3. Die Nominalisierungen von festen Wendungen und anderer Wortarten, wie z. B. Pronomen und Präpositionen, schreibt man groß.
4. Tageszeiten nach der Zeitangabe *gestern* schreibt man groß.
5. Höflichkeitsformen der Anrede schreibt man groß.

b) Der folgende Text ist kleingeschrieben. Unterstreiche Wörter, deren Groß- und Kleinschreibung du mit Hilfe der Strategien ermitteln kannst, in der jeweiligen Farbe. Unterstreiche pro Strategie ein bis zwei Beispiele.

Achtung, Fehler!

meine sehr verehrten damen und herren, ich begrüße sie ganz herzlich zur heutigen einweihung unseres neuen elefantenhauses. das lange warten hat ein ende, nach etlichem hin und her konnte unser umbau endlich fertiggestellt werden. bereits gestern abend konnten die ersten besucher etwas völlig neues erleben. im nachhinein kann ich ihnen sagen, jeder einzelne hat einen wichtigen beitrag geleistet. mit dieser innovation lassen wir das gestern hinter uns und gehen einen großen schritt richtung zukunft.

c) Schreibe den Text in der richtigen Groß- und Kleinschreibung auf.

2 Übertrage den folgenden Text in korrekter Groß- und Kleinschreibung in dein Heft.

JEDER EINZELNE MUSS SICH IM EINZELNEN SEHR GENAU ÜBERLEGEN, WELCHER BERUF ZU IHM PASST. ER SOLLTE DURCH PRAKTIKA IN EINZELNE BERUFE HINEINSCHNUPPERN. DIE ENTSCHEIDUNG KANN JEDOCH NUR DER EINZELNE TREFFEN, NACHDEM ER BIS INS EINZELNE DIE VOR- UND NACHTEILE ABGEWOGEN HAT.

Groß- und Kleinschreibung

1 Ergänze in dem folgenden Text die fehlenden Buchstaben.

Am (B/b)___esten haben mir die Affen gefallen. Diese haben eine großartige Show zum (B/b)___esten gegeben. Gegen diese ziehen alle (A/a)___nderen Tiere den (K/k)___ürzeren. Aber eigentlich ist für (J/j)___eden, egal ob (G/g)___roß oder (K/k)___lein, von (N/n)___ah oder (F/f)___ern, etwas (I/i)___nteressantes dabei.

Beim nächsten (M/m)___al würde ich gerne (Ä/ä)___hnliches erleben.

Es ist das (A/a)___llerbeste, wenn man das Wetter nicht außer (A/a)___cht lässt.

2 **a)** Unterstreiche in den folgenden Schlagzeilen die Nominalisierungen und umkreise die dazugehörigen Nomensignale.

→ Tipp 5

Lautes Brüllen störte die Morgenruhe – Elefantenzucht droht das Aus – Wetter tat sein Übriges – Kosten für Umbau steigen um ein Beträchtliches – Delfine geben Kunststücke zum Besten – Ein Fiepen sorgt für Aufregung

b) Ordne die Nominalisierungen mit ihren Begleitern in die folgende Tabelle ein.

Nomensignal	Nominalisierte Verben	Nominalisierte Adjektive	Weitere nominalisierte Wortarten
bestimmter/ unbestimmter Artikel			
Präposition (+ Artikel)			
(Artikel +) vorangestelltes Adjektiv	*lautes Brüllen*		
vorangestelltes Pronomen			

c) Ergänze die frei gebliebenen Kästen mit eigenen Beispielen.

Übungen

Getrennt- und Zusammenschreibung

Was kannst du?

Tipp 2 ←

1 In dem folgenden Text fehlen mehrere Verbindungen mit Verben.

a) Ergänze die Lücken in der richtigen Schreibweise.

Warum klingt die eigene Stimme so fremd?

Die eigene Stimme sollte einem eigentlich ____________________ (bekannt/vorkommen). Wenn wir uns aber z. B. im Radio ____________________ (sprechen/hören), wird es uns ____________________ (schwer/fallen), die eigene Stimme wiederzuerkennen. Sie wird uns nämlich eigenartig ____________________ (fremd/vorkommen). Beim ____________________ (Radio/hören) dringen alle Schallwellen von außen an unser Ohr – auch die, die von unserer Stimme erzeugt wurden. Diese hören wir, wenn wir ____________________ (laut/sprechen), immer auch durch den Kopf. Da wir damit sowohl von außen als auch von innen ____________________ (Laute/hören), unterscheiden sich die „echte" und die aufgenommene Stimme.

b) Zwei Verb-Verbindungen werden zusammengeschrieben. Umrahme sie.

c) Erkläre die Zusammenschreibung.

____

____

____

Tipp
Du kannst auch Wörter aus dem Text aus ↗ Aufgabe 1a verwenden.

2 Ergänze in jeder Gruppe zwei Beispiele.

Es handelt sich um

... eine Verb-Verb-Verbindung: *sprechen hören,* ____________________

... eine nominalisierte Nomen-Verb-Verbindung: ____________________

... eine Adjektiv-Verb-Verbindung mit übertragener Bedeutung: ____________________

Verbindungen aus Nomen und Verb

→ **Tipp 5**

1 Die Nomen und Verben in der Randspalte können in den folgenden Zeitungsmeldungen jeweils einmal getrennt und einmal zusammengeschrieben werden.

Ergänze in der richtigen Schreibweise.

(das) Eis
(das) Tennis
(das) Golf
(die) Schlange

stehen
spielen (2 x)
essen

Führungskräfte entspannen beim ______

Sportlerin verletzt sich beim ______.

Ansturm auf neues Handy: Viele müssen lange ______

Eisgenuss: Hier können Sie fettfreies ______

Sportlerin: „Ich werde bald wieder ______."

Konsumwahn? ______ für das neue Handy

Sportlich: Viele Führungskräfte gehen sehr gerne ______

Lecker! Beim fettfreien ______ die Sonne genießen!

2 Denke dir selbst zwei weitere Meldungen wie in ↗ Aufgabe 1 aus und schreibe sie wie im Beispiel auf.

Schock im ICE: Zweijährige muss alleine <u>Zug fahren</u>

Überraschung beim <u>Zugfahren</u>: Zweijährige alleine unterwegs

______

______

______

______

Die **Verbindungen aus Nomen/Substantiven und Verben** schreibt man in der Regel **getrennt**, z. B.:

Rad fahren, Korrektur lesen, Walzer tanzen, Tennis spielen

Aber: **Nominalisierungen** werden zusammengeschrieben, z. B.:

das Radfahren, beim Korrekturlesen, das Walzertanzen, beim Tennisspielen

Verbindungen aus Verb und Verb

einkaufen
laufen
spazieren
tanzen
schwimmen
spielen
zelten
tauchen
singen
essen
stehen

üben
gehen
lernen
fahren

1 a) Freizeit, Schule, Sport! Notiere zu jedem Bereich passende Verb-Verb-Verbindungen. Nutze die Infinitive aus der Randspalte.

Pläne fürs Wochenende: *singen lernen,* ____________________

Auf dem Stundenplan: *schreiben üben,* ____________________

Sportprogramm: *laufen gehen,* ____________________

b) Notiere zu jedem Bereich ein bis zwei Sätze wie im Beispiel.

Ich möchte unbedingt singen lernen. / Wer singen lernt, muss viel üben.

c) Ergänze in den folgenden Sätzen die angegebenen Verb-Verb-Verbindungen in der richtigen Zeitform.

Nachdem ich *singen gelernt hatte*, bin ich immer wieder aufgetreten. (singen lernen)

Die S-Bahn fuhr nicht weiter, sie ____________________. (stehen bleiben)

Im letzten Urlaub waren wir sehr sportlich und ____________________. (klettern gehen)

Endlich konnten wir gemeinsam die Unterwasserwelt entdecken, nachdem ich ____________________. (tauchen lernen)

2 Ergänze in den folgenden Sätzen die Verbindung aus Partizip und Verb in der richtigen Form.

Diese Wörter werden *getrennt geschrieben*. Die ______________________ Wörter stehen in meinem Heft (getrennt schreiben).

Der Plan wurde ______________________ .

Der ______________________ Plan wurde niemals aufgedeckt (geheim halten).

3 Getrennt oder zusammen? Ergänze mit Hilfe des Merkkastens die richtige Schreibweise.

Du kannst ruhig auf dem Sofa (SITZENBLEIBEN) ______________________ .

Sollte das (SITZENBLEIBEN) ______________________ abgeschafft werden?

Viele entspannen beim (EINKAUFENGEHEN) ______________________ .

Am Wochenende können wir (EINKAUFENGEHEN) ______________________ .

Leider verursachte er beim (FAHRENLERNEN) ______________________ einen Unfall.

Wer einen Führerschein besitzen möchte, muss zunächst (FAHRENLERNEN) ______________________ .

Beim Theaterwochenende ging es vor allem ums (SPRECHENÜBEN) ______________________ .

Wir sollten (SPRECHENÜBEN) ______________________ , um keine Texthänger zu haben.

Das (LAUFENLERNEN) ______________________ gehört zur menschlichen Entwicklung.

Wenn Kinder (LAUFENLERNEN) ______________________ , fallen sie häufig hin.

Verbindungen aus zwei Verben werden in der Regel **getrennt geschrieben,** z. B.:
laufen lernen, einkaufen gehen, schreiben üben, spazieren fahren, essen gehen

Auch **Verbindungen aus Partizip und Verb** werden in den meisten Fällen **getrennt geschrieben, wenn der erste Bestandteil ein Partizip ist,** z. B.:
Das Raubtier wurde *gefangen gehalten.*

Verwendet man die Verbindung **adjektivisch**, kann sie **sowohl getrennt als auch zusammengeschrieben** werden, z. B.:
Das *gefangen gehaltene / gefangengehaltene* Raubtier wehrte sich.

Aber: **Nominalisierte Verb-Verb-Verbindungen** schreibt man **zusammen,** z. B.:
das Einkaufengehen, beim Sprechenlernen, beim Essengehen

Immer getrennt!

Tipp 2 ←

1 Lies die Verbindungen von Wörtern in den beiden folgenden Kästen.

allzu oft – allzu bald – allzu sehr – allzu selten – allzu gerne – allzu viel – allzu gut – allzu lange – allzu wenig – allzu wichtig
ebenso/genauso oft – ebenso/genauso bald – ebenso/genauso sehr – ebenso/genauso selten – ebenso/genauso gerne – ebenso/genauso viel – ebenso/genauso gut – ebenso/genauso lange – ebenso/genauso wenig – ebenso/genauso wichtig

a) *Allzu* oder *ebenso/genauso?* Ergänze in den Zeitungsmeldungen jeweils die passende Verbindung.

Lebenslanges Lernen? Auch Erwachsene haben allzu oft (oft) noch Schwierigkeiten mit der Rechtschreibung. – Der Optimist denkt ______ (oft) einseitig wie der Pessimist.

Viele Frauen interessieren sich ______ (viel) für Fußball wie Männer. – Wer ______ (viel) trainiert, schadet seiner Gesundheit.

Studie beweist: Jungen rechnen ______ (gut) wie Mädchen. – Wir wissen ______ (gut), dass ein Lottogewinn unwahrscheinlich ist.

b) Lies die Verbindungen in dem folgenden Kasten.
Ergänze in den Schlagzeilen die jeweils passende Verbindung.

gar nicht – gar nichts – gar kein – zu viel – wie viel – zu wenig

Millionär: „Das viele Geld bedeutet mir eigentlich ______!“

Sparsam ist besser! ______ Salz schadet der Gesundheit

Skandal? Spaßpartei hatte ______ Wahlprogramm

Streikende: „Wir erhalten einfach ______ Lohn!“

c) Ergänze eigene Schlagzeilen mit den nicht verwendeten Verbindungen. Schreibe in dein Heft.

> Verbindungen mit *allzu* oder *ebenso/genauso* werden **getrennt geschrieben,** z. B.:
> *allzu gerne, allzu sehr, allzu lange, ebenso/genauso viel, ebenso/genauso wenig*
>
> Auch diese Verbindungen werden immer **getrennt geschrieben:**
> *gar nicht, gar nichts, gar kein, zu viel, wie viel, zu wenig*

Immer zusammen!

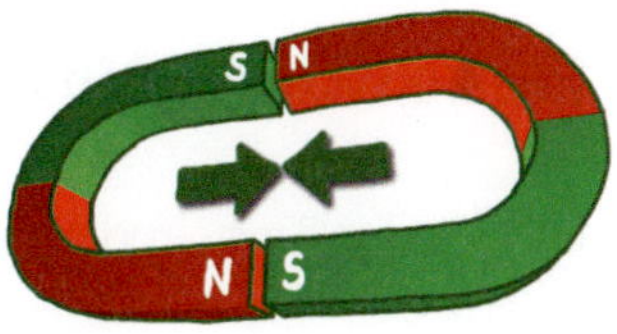

1 **a)** Untersuche, wie die Wörter im Kasten zusammengesetzt sind. Sortiere sie in zwei Gruppen und schreibe sie in die Tabelle.

> mondbeschienen – schwerreich – bitterböse – sonnenklar – winzigklein – steingrau – dunkelrot – nasskalt – tiefblau – eiskalt – bleischwer – sagenumwoben

b) Nach welchem Prinzip hast du sie geordnet? Notiere jeweils eine passende Spaltenüberschrift.

Verbindungen aus ____________	Verbindungen aus ____________

c) Ergänze in jeder Gruppe möglichst viele weitere Beispiele. Schreibe in dein Heft.

2 Bilde zu fünf Beispielen aus ↗ Aufgabe 1 jeweils einen Satz.

> **Verbindungen** aus **Nomen/Substantiven** und **Adjektiven/Partizipien** schreibt man **zusammen,** z. B.: *federleicht, abbruchreif, zuckersüß, abendfüllend*
>
> Auch **Verbindungen** von **Adjektiven**, die gleichermaßen zutreffen **(Verbindungen aus gleichrangigen Adjektiven),** schreibt man **zusammen,** z. B.: *blaurot, feuchtwarm, kleinherzig*

Besondere Verbindungen aus Adjektiv und Verb

Tipp 2 ←

1 a) Lies den Text, in dem eine Adjektiv-Verb-Verbindung bereits markiert wurde.

Welches Wort kommt in den Duden?

Auch Menschen, denen die Rechtschreibung leichtfällt, greifen immer wieder zum Duden. Damit können sie sicherstellen, dass sie das gesuchte Wort auch tatsächlich richtig schreiben. In den Duden werden übrigens immer wieder neue Wörter aufgenommen. Hierfür werden elektronische Texte mit Hilfe von Computerprogrammen auf unbekannte Wörter hin gelesen. Um sicherzugehen, werden Texte daneben auch auf ganz traditionelle Weise von erfahrenen Sprachbeobachtern geprüft. Wer seine Worterfindung nicht im Duden wiederfindet, sollte sich nicht schwarzärgern: Nur Wörter, die häufig und über mehrere Jahre hinweg immer wieder auftauchen, werden aufgenommen. Individuelle Schöpfungen wie „Parkeröffnungspudelsommerfest“ haben keine Chance.

b) Erkläre, warum die markierte Verbindung getrennt geschrieben wird.
Kreuze den richtigen Satz an.

☐ Da diese Adjektiv-Verb-Verbindung eine wörtliche Bedeutung hat, wird sie getrennt geschrieben.

☐ Da alle Adjektiv-Verb-Verbindungen getrennt geschrieben werden müssen, gilt das auch für diesen Fall.

c) Überprüfe mit Hilfe des Merkkastens.

Verwendet man **Adjektive in der Verbindung mit Verben in der wörtlichen Bedeutung,** werden sie **getrennt geschrieben,** z. B.:

Er konnte wirklich sehr witzig erzählen.

Auch **Verbindungen aus Adjektiv und Partizip** mit wörtlicher Bedeutung werden in der Regel **getrennt geschrieben,** z. B.:

Mit der witzig erzählten Geschichte unterhielt er seine Freunde.

2 a) Unterstreiche im Text von ↗ Aufgabe 1 alle Adjektiv-Verb-Verbindungen, die zusammengeschrieben werden, und schreibe sie auf. *Tipp:* Es sind insgesamt vier.

____

____

b) Ergänze weitere Beispiele.

____

3 **a)** Bilde aus den Adjektiven und Verben in den Wörterkästen Verbindungen mit übertragener Bedeutung. Schreibe in dein Heft.

→ Tipp 2

flach	frei	kürzer	sicher
bloß	lahm	schwarz	schief
still	tief	gut	fest
mies	leicht	blau	richtig

fallen	schreiben	gehen	stapeln
halten	treten	stellen	legen
sprechen	nehmen	malen	fahren
machen	machen	kühlen	ärgern

b) Ergänze jeweils eine kurze Umschreibung.

- *flachfallen (= ausfallen, nicht stattfinden)*
- *schiefgehen ...*

c) Überprüfe die Schreibweise mit Hilfe des Wörterbuches.

d) Schreibe zu zehn Beispielen Sätze in dein Heft.

Weil es regnet, muss das Sportfest leider flachfallen.

Muss heute wirklich alles schiefgehen?

Verbindungen aus Adjektiv und Verb mit übertragener Bedeutung schreibt man **zusammen,** z. B.:
schwerfallen (= etwas bereitet einem Schwierigkeiten), *dichthalten* (= ein Geheimnis für sich behalten), *festnehmen* (= jemanden verhaften)

4 Ersetze die kursiv gedruckten Formulierungen durch passende Adjektiv-Verb-Verbindungen aus ↗ Aufgabe 3, die eine ähnliche Bedeutung haben. Verwende die richtige Zeitform.

Mit seinem Auftritt hat sich der Schauspieler ziemlich *(~~blamiert~~)* bloßgestellt.

Nach kurzer Verhandlung wurde der Angeklagte *(begnadigt)* ______________________.

Musst du uns immer alles *(verderben)* ______________________?

Hoffentlich wird unser Plan diesmal nicht wieder *(scheitern)* ______________________.

Durch den Streik wurde der Verkehr in der Innenstadt *(blockiert)* ______________________.

Du solltest das Missverständnis unbedingt *(aufklären)* ______________________.

Diese wichtige Information wollte er sofort *(aufschreiben)* ______________________.

Die Prüfung solltest du nicht *(unterschätzen)* ______________________.

Nach dem Bankrott wurde das Kraftwerk *(geschlossen)* ______________________.

Tipp 5 ←

5 **a)** Unterstreiche in den folgenden Sätzen alle nominalisierten Adjektiv-Verb-Verbindungen.

Das Schwarzfahren ist in S- und U-Bahnen nicht erlaubt.
Die Verantwortlichen beschlossen ein Stilllegen der alten Bahngleise.
Das Festhalten der Ergebnisse war aufwendig.
Vielen Menschen fällt das Kürzertreten im Arbeitsleben schwer.
Den Demonstranten gelang ein Lahmlegen des Innenstadtverkehrs.
Blaumachen hat durch ein Bußgeldsystem finanzielle Folgen.
Das Richtigstellen falscher Informationen ist oft nicht einfach.

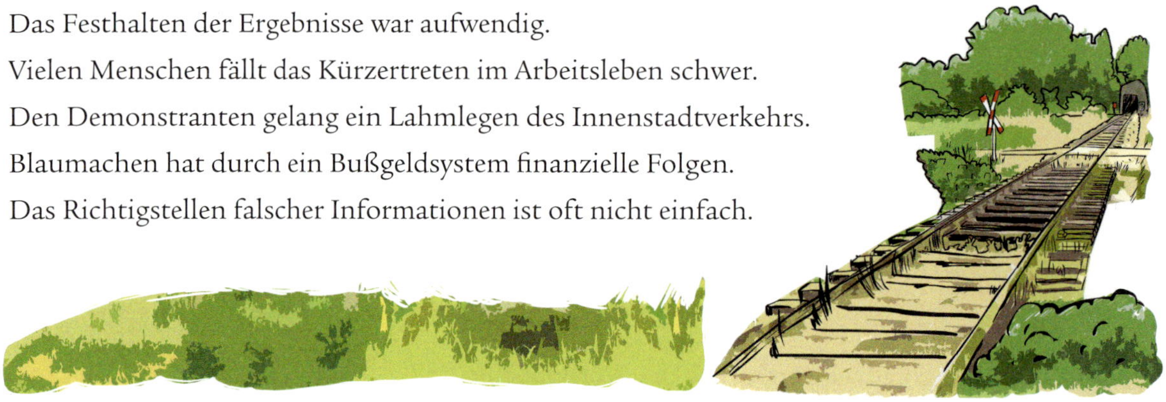

b) Schreibe die Sätze in passende Infinitivsätze um.
Ergänze entsprechende Adjektiv-Verb-Verbindungen.

Es ist nicht erlaubt, in S- und U-Bahnen *schwarzzufahren.*

Die Verantwortlichen beschlossen, ______

Es war aufwendig, ______

Vielen Menschen fällt es schwer, ______

Es gelang den Demonstranten, ______

Durch ein Bußgeldsystem hat es finanzielle Folgen, ______

Oft ist es nicht einfach, ______

Tipp
Verwende das **Partizip I oder II**, z. B.:
ein ***feststehender*** *Begriff*
ein ***bloßgestellter*** *Schauspieler*

6 **a)** Schreibe die folgenden Formulierungen wie im Beispiel um.

Reisende, die schwarzfahren: *schwarzfahrende* Reisende

Angestellte, die blaumachen: ______ Angestellte

ein Innenstadtverkehr, der lahmgelegt wurde: ein ______ Innenstadtverkehr

ein Ergebnis, das festgehalten wurde: ein ______ Ergebnis

Bahngleise, die stillgelegt wurden: ______ Bahngleise

falsche Informationen, die richtiggestellt wurden: ______ Informationen

ein Arbeitnehmer, der kürzertritt: ein ______ Arbeitnehmer

b) Notiere drei weitere Beispiele wie in ↗ Aufgabe 6 a. Schreibe in dein Heft, z. B.:

Beweismittel, die sichergestellt wurden: sichergestellte Beweismittel

Verbindungen aus Adverb und Verb

1 **a)** Lies die folgenden Satzpaare und vergleiche die Schreibweise.

Hoffentlich werden wir uns bald **wiedersehen**.	Nach dem Unfall konnte er leider nie **wieder sehen**.

Das Wort kann man **zusammenschreiben**.	Die Geschichte werden wir **zusammen schreiben**.

b) Erkläre, warum die Verbindungen mit *wieder* und *zusammen* in ↗ Aufgabe a einmal getrennt und einmal zusammengeschrieben werden.

Getrenntschreibung: ______________________________

____

____

Zusammenschreibung: ______________________________

____

____

c) Bilde mit Hilfe der folgenden Adverbien und Verben vier Verbindungen, die man sowohl getrennt als auch zusammenschreiben kann. Verwende jede der beiden Schreibweisen in einem Satz. Schreibe in dein Heft.

→ **Tipp 2**

zusammen – dazu – dabei	setzen – fahren – ziehen – sitzen

- *Nach einiger Zeit wollten sie unbedingt zusammenziehen.*
- *Wenn du mir hilfst, können wir die schwere Truhe zusammen ziehen.*

zusammenziehen (= gemeinsam wohnen), *zusammen ziehen* (= gemeinsam etwas ziehen)

Verbindungen aus Adverb und Verb schreibt man **getrennt,** wenn eine **wörtliche Bedeutung** beibehalten bleibt, z. B.:

Kommst du mit? Dann können wir zusammen fahren.

Ich möchte beim Konzert nicht stehen, können wir bitte dabei sitzen?

Zusammen schreibt man, wenn eine **übertragene Bedeutung** entsteht, z. B.:

Vor Schreck musste er zusammenfahren. (= sich erschrecken)

Wenn du willst, kannst du gerne dabeisitzen. (= Teil einer Runde sein)

Tipp 2 ←

2 **a)** Zusammen oder getrennt? Übertragene Bedeutung oder wörtliche? Prüfe und ergänze die richtige Schreibweise.

Das Material können wir auch (wieder/verwerten) *wiederverwerten*. – Den Witz muss ich dir unbedingt (wieder/erzählen) ______________ .

Das baufällige Haus wird sicher bald (zusammen/fallen) ______________ . – Wir werden morgen ein Auto nehmen und (zusammen/fahren) ______________ .

Es wird sicher bald zu einem Streit kommen, bei dem die beiden (aufeinander/prallen) ______________ . – Sie werden vermutlich bald besser (aufeinander/hören) ______________ .

b) Überprüfe mit Hilfe des Wörterbuches und korrigiere gegebenenfalls Fehler.

3 **a)** Formuliere die Adverb-Verb-Verbindungen aus ↗ Aufgabe 2 a wie im Beispiel um.

Es ist sinnvoll, das Material *wiederzuverwerten* .

Könntest du dir vorstellen, mir den Witz ______________ ?

Das baufällige Haus droht ______________ .

Es ist sicher besser, morgen ein Auto zu nehmen und ______________ .

Wenn die beiden sich nicht vertragen, drohen sie ______________ .

Die beiden wollen sich darum bemühen, besser ______________ .

b) Formuliere die folgenden Meldungen aus dem Nachrichtenticker mit Hilfe eines Partizips um. Orientiere dich am Beispiel.

+++ Demonstranten, die aufeinanderprallen, sorgen für Chaos. +++ Menschen, die zusammenströmen, protestieren gegen Machthaber. +++ Häuser, die zusammensacken, sind ein Sicherheitsrisiko. +++ Informationen, die zusammenlaufen, helfen bei Ermittlung. +++

Aufeinanderprallende Demonstranten sorgen für Chaos.

____

____

____

____

Teste dich!

Getrennt- und Zusammenschreibung

1 a) Getrennt oder zusammen? Ergänze den Lückentext, indem du die Wörter in Klammern in der richtigen Schreibweise ergänzt. /10

Deutsche Wörter wandern aus

„Internet" und „Bodyguard" sind __________ (ebenso/wenig) deutsche Wörter wie „cool" oder „Party". Trotzdem gehören sie für jeden, der Deutsch spricht, dazu. Umgekehrt sind __________ (gar/nicht) so wenige deutsche Wörter ausgewandert und werden in den entlegensten Winkeln der Erde benutzt. Wenn es in einer bestimmten Sprache __________ (schwer/fällt), eine passende Bezeichnung für ein Phänomen zu finden, greift man __________ (allzu/gerne) auf ein Wort aus einer Fremdsprache zurück. Will man in Schweden zum Beispiel besonders __________ (vorsichtig/sein), dann tut man etwas mit „Fingerspitzengefühl". Und wer in Finnland als „besservissri" bezeichnet wird, hat es als Streber __________ (weit/gebracht). In Israel ist man beim __________ (Wörter/erfinden) richtig __________ (kreativ/geworden): Das @-Zeichen nennt man dort „strudel". Die ursprüngliche Wortbedeutung kann dabei auch __________ (abhanden/kommen): So lässt sich das französische „Vasistas" nicht so leicht herleiten. Mit dem „Was ist das?", von dem es abgeleitet ist, hat es nämlich __________ (gar/nichts) zu tun, denn seltsamerweise bedeutet es „Kippfenster".

b) Notiere auch bei der folgenden Wörtergruppe jeweils die richtige Schreibweise. /7

das (getrennt/lebende) __________ Ehepaar

der (gebückt/gehende) __________ Mann

der (bloß/gestellte) __________ Redner

der (aufmerksam/lesende) __________ Fahrgast

die (kinder/leichte) __________ Aufgabe

die (hastig/getroffene) __________ Entscheidung

die (frisch/gestrichene) __________ Wand

gesamt /17

Getrennt- und Zusammenschreibung

Tipp 5 ←

1 Getrennt oder zusammen? Schreibe die Wörter in Klammern richtig auf.

- Das (SKI/FAHREN) ______________ habe ich in diesem Winter wirklich zu (SCHÄTZEN/GELERNT) ______________.
- Den Text habe ich (KORREKTUR/GELESEN) ______________ und überprüft, welche Wörter (GETRENNT/GESCHRIEBEN) ______________ werden müssen.
- Wir werden heute (SCHWIMMEN/GEHEN) ______________ und danach (KUCHEN/ESSEN) ______________.
- Nach dem (EINKAUFEN/GEHEN) ______________ würde ich gerne (ESSEN/GEHEN) ______________.

2 Setzte vor jedes der folgenden Adjektive/Partizipien ein passendes Nomen.
Schreibe die Zusammensetzungen in der richtigen Schreibweise auf.

gelb – lang – gesteuert – geschützt – glatt – trocken – strahlend – rund

sonnengelb, ______________

____

leicht/fallen
gerade/stehen
zusammen/reißen
wieder/erkennen

3 Notiere zu jedem der Wortpaare aus der Randspalte zwei sinnvolle Sätze. In dem einen wird die Verbindung getrennt, in dem anderen zusammengeschrieben.

- *Die Entscheidung wird ihm diesmal leichtfallen.*
  Auf diesem schlechten Wanderweg kann man leicht fallen.
- ______________
  ____
- ______________
  ____
- ______________
  ____

Getrennt- und Zusammenschreibung

1 **a)** Ergänze in dem folgenden Text die Wörter in Klammern in der richtigen Schreibweise. Schreibe entweder getrennt oder zusammen.

Wale sprechen Dialekt

Wissenschaftler haben ______________ (heraus/gefunden), dass auch Wale ihre eigenen ______________ (Dialekte/sprechen). Die Walforscher haben die Horchstationen der amerikanischen Marine für sich entdeckt. Eigentlich waren die Unterwasser-Mikrofone ______________ (dazu/gedacht), feindliche Kriegsschiffe aufzuspüren. Die ______________ (winzig/kleinen) künstlichen Ohren zeichnen nämlich auch Erdbeben- und Walgesänge auf. Im Wasser wird der Schall besser ______________ (weiter/transportiert) als in der Luft. Als die Forscher sie mit den Stimmen in unterschiedlichen Gewässern untersuchten, fiel ihnen auf, dass Tiere ein und derselben Art ______________ (unterschiedlich/sprechen). Sie konnten ______________ (fest/stellen), dass die Wale tatsächlich ______________ (unterschiedlich/singen).

b) Wähle drei der Lösungswörter aus und bilde weitere Sätze.

____

____

____

____

____

Übungen

Schreibung der s-Laute

Was kannst du?

Tipp 1 ←

1 a) Setze bei folgenden Wörtern die fehlenden *s*-Laute ein.

die Pa___anten – mü___en – der Fu___ – au___ergewöhnlich – verbe___ern – die Stra___en

b) Lies nun den folgenden Lückentext und setze die Wörter aus ↗ Aufgabe a in der richtigen Form an den geeigneten Stellen ein.

Achtung! Manchmal müssen die Wörter leicht angepasst werden.

Von der Rolle: Laufen und Rollen mit Heelys

Flott in die Heelys, ab auf die ___________ und mit dieser ___________ ___________bekleidung die Stadt völlig neu erfahren. Mit einem riskanten Sprung ist ein Geländer kein Hindernis mehr. Bis einen der verwunderte Blick der vorbeigehenden ___________ trifft, ___________ man nicht lange warten.

Erst wurde den „Turnschuhen mit den Rollen" nur wenig Bedeutung geschenkt, doch mittlerweile werden sie immer weiter ___________ und in größeren Stückzahlen produziert.

c) Sortiere die Lösungswörter in die folgende Tabelle ein und überlege dir geeignete Spaltenüberschriften. Schreibe die Nomen mit ihren Artikeln.

Notiere Nomen im Singular und Adjektive und Verben in der Grundform.

2 Formuliere nun je eine Regel für die Verwendung von *ß* und *ss*.

Nach einem langen betonten Vokal

Schreibung mit *ss* oder *ß*

1 a) Unterstreiche bei folgenden Wörtern die langen betonten Vokale und setze unter die kurzen betonten Vokale einen Punkt.

der Spaß – der Fluss – der Fuß – der Pass – äußern – der Genuss

b) Umkreise anschließend den folgenden *s*-Laut.

Hinweis
Folgt dem *s*-Laut einer der Konsonanten *k*, *p* oder *t*, so wird dieser nicht verdoppelt, z. B. *der Muskel, die Wespe, die Kiste.*

2 Notiere zu jedem Wort mindestens zwei weitere Wortverwandte und markiere den *s*-Laut.

der Spaß, spaßig,

der Fuß,

äußern,

der Fluss,

der Pass,

der Genuss,

3 Ergänze nun den folgenden Merkkasten.

Meist wird der s-Laut nach einem ______ betonten Vokal mit ss und nach einem ______ betonten Vokal oder Doppellaut (Diphthong), wie z. B. ei oder au, mit ß geschrieben.
Achtung: Manchmal ändert sich bei einzelnen Wörtern einer Wortfamilie die Vokallänge und damit auch die Schreibung des s- Lautes, z. B. essen – er aß.

4 Fülle den korrekten *s*-Laut in die Lücken ein und bilde mit jedem Beispielwort einen Satz.

→ Tipp 1

Intere___e:

au___erdem:

Tipp 1 ←

5 a) Kennzeichne zunächst dort, wo es möglich ist, die Länge des Vokals, indem du alle langen betonten Vokale oder Doppellaute (Diphthonge) unterstreichst und unter kurze betonte Vokale einen Punkt setzt.

flie___en, es flo___, das Flo___, ______

gie___en, der Gu___, es go___, ______

der Schlu___, beschlie___en, ______

das Schlo___, verschlie___en, ______

bei___en, bi___ig, ______

der Einflu___, einflu___reich, ______

fre___en, er fra___, ______

b) Ergänze nun den korrekten *s*-Laut. Überprüfe mit der Lösung.

c) Schreibe in jeder Wortreihe mindestens einen weiteren Verwandten auf.

Tipp 3 ←

6 a) Schreibe selbst entsprechende Wortfamilien auf.

sprießen: ______

wissen: ______

reißen: ______

verlassen: ______

b) Setze die entsprechenden Längen- und Kürzezeichen.

Tipp 1 ←

7 a) Ergänze die *s*-Laute in der richtigen Schreibung.

er genie___t

der Sto___

der Gru___

der Spa___

das Fa___

der Strau___

sie grü___t

na___

der Verdru___

sü___

gro___

wei___

er flie___t

flei___ig

bla___

die Nu___

sie ha___te
der Stre___
der Ku___
wir mü___en
sie mi___t
das Ma___

der Pa___
sie verlä___t
ich schlie___e
sie bi___
das Gefä___
er vermi___te

b) Ordne alle Verben in die folgende Tabelle ein.

→ **Tipp 1**

c) Ergänze die Infinitive der Verben in der linken Spalte.

d) Setze die Verben ins Präteritum. Schreibe in die rechte Spalte.

	Infinitiv	Präsens	Präteritum
☐	*genießen*	*er genießt*	*er genoss*
☐			
☐			
☐			
☐			
☐			
☐			
☐			
☐			
☐			

e) Kreuze alle Verben an, bei denen sich die Vokallänge und die Schreibung des *s*-Lauts vom Präsens zum Präteritum ändert.

f) Bilde zu den Verben in der Tabelle je einen Satz. Notiere ihn zunächst im Präsens und setze ihn danach ins Präteritum. Schreibe in dein Heft.

z. B. Er genießt seine Ferien. → Er genoss seine Ferien.

Tipp 1 ←

8 **a)** Schreibe die Wörter mit dem korrekten *s*-Laut auf.

das Ma◆ ______ die Stra◆en ______

la◆en ______ genie◆en ______

mü◆en ______ aufpa◆en ______

drau◆en ______ der Spa◆ ______

b) Überprüfe mit der Lösung.

Tipp
Die Verben müssen jeweils gebeugt werden.

c) Setze die Wörter aus ↗ Aufgabe a an geeigneter Stelle in den Text ein.

Man hört häufig, dass Inlineskating von vielen Sportlern genutzt wird, da sich damit gut die Fitness trainieren ______. Gerade um die Zeit bis zum Winter zu überbrücken, schwören beispielsweise Biathleten darauf. Ein weiterer Vorteil ist, dass man sich ______ an der frischen Luft bewegt und die Natur ______ kann. Der Athlet ______ allerdings ______, es nicht zu übertreiben, sondern immer das richtige ______ zu finden, wenn er über die ______ und befestigten Wege dahingleitet.
Inlineskating ist eine Sportart, an der Jung und Alt ______ haben.

Tipp 1 ←

9 Was ist hier gesucht?

a) Setze in die Lücken jeweils ein geeignetes Wort, das entweder mit *ss* oder mit *ß* geschrieben wird.

- Er i___ gerne Nudeln.
- Sie f____ einen weisen Ents______
- Der Hund r____ das Stofftier auseinander.
- Bei seinem Umzug l___ er alle Freunde zurück.
- „Gib es zu, du h____ Liebesfilme!"
- Er b___ herzhaft in das belegte Brötchen.
- Am Ende der Zeremonie k_____ der Bräutigam die Braut.

b) Überprüfe mit Hilfe der Lösung.

Nomen mit der Endung *-nis*

1 Bilde aus folgenden Verben je ein verwandtes Nomen mit der Endung *-nis*.

sich ereignen
sich verhalten
fangen
wagen
erleben

-nis

2 In dem folgenden Wörtergitter sind sowohl waagerecht als auch senkrecht Begriffe mit der Endung *-nis* versteckt.

W	E	R	E	I	G	N	I	S	S	E	F	X
A	V	E	R	H	Ä	L	T	N	I	S	S	E
G	F	K	L	C	W	Ä	P	W	F	S	T	R
N	S	S	E	B	B	Ü	N	D	N	I	S	S
I	I	G	B	B	R	P	M	A	G	N	Z	P
S	H	I	N	D	E	R	N	I	S	R	E	A
S	G	Ö	I	A	D	R	S	W	I	A	U	R
E	R	S	S	A	G	N	U	R	S	E	G	N
V	E	R	S	T	Ä	N	D	N	I	S	N	I
Z	T	K	E	L	J	Z	E	X	T	W	I	S
E	R	K	E	N	N	T	N	I	S	U	S	R
O	G	E	F	Ä	N	G	N	I	S	S	E	U

a) Suche die Pluralformen zu den Wörtern, die du in ➚ Aufgabe 1 gebildet hast. Schreibe sie hinter den Singularformen in ➚ Aufgabe 1 auf.

b) Außerdem sind sechs Wörter im Singular mit der Endung *-nis* im Wörtergitter versteckt. Schreibe sie mit ihren Artikeln auf.

c) Bilde auch hier die Pluralformen. Überprüfe sie abschließend mit der Lösung.

d) Wähle fünf Wörter aus ➚ Aufgabe 1 oder 2 aus und bilde mit ihnen jeweils einen Satz. Schreibe in dein Heft.

das oder dass?

Tipp 2 ←

1 **a)** Unterstreiche in den folgenden Sätzen den Artikel *das* grün, das Relativpronomen *das* blau und das Demonstrativpronomen *das* rot.

Das (__________) Vorhaben, *das* (__________) du planst, ist sehr gefährlich.

Das (__________) wollte ich dir nur sagen.

Das (__________) Rennen, *das* (__________) ich bestreiten werde, möchte ich gewinnen.

Das (__________) ist mein großes Ziel.

Artikel = Begleiter des Nomens, z. B.: *das* Heft;
Relativpronomen = Verhältnisfürwort, z. B.: Das Heft, *das* mir gehört;
Demonstrativpronomen = hinweisendes Fürwort, z. B.: Ich kann *das* nicht.

b) Statt des Artikels oder des Pronomens *das* können auch die Demonstrativpronomen *dies/dieses, jenes* oder *welches* stehen. Setze entsprechend die passenden Formen in die Klammern ein.

c) Verbinde die Relativpronomen durch einen Pfeil mit den Nomen, auf die sie sich beziehen.

2 **a)** Verbinde die zwei Sätze jeweils zu einem Satzgefüge aus Haupt- und Relativsatz.

Das Unwetter zog schnell vorbei. Es hatte sich bereits am Morgen angekündigt.

Das Unwetter, das sich bereits am Morgen angekündigt hatte, zog schnell vorbei.

Das Iglu hatten wir gemeinsam gebaut. Es schmolz Tag für Tag dahin.

____

____

Das Fahren abseits der Pisten ist verboten. Es ist sehr gefährlich.

____

____

b) Verbinde auch hier die Relativpronomen mit den Nomen, auf die sie sich beziehen.

3 Formuliere eine vorläufige Regel für die Verwendung von *das*.

Der __________ *, das* __________ *und das* __________

„das" werden immer __________ .

4 Bilde mit jeweils einem Satz aus dem linken und dem rechten Kasten ein sinnvolles Satzgefüge, das mit der Konjunktion *dass/sodass* verbunden ist.

Das stürmische Wetter hielt an.	dass/sodass (auch: so dass)	Die Pistenraupen können arbeiten.
Die Pisten werden nachts gesperrt.		Für die nächste Woche ist Sonnenschein gemeldet.
Für viele Urlauber ist es ein Glück.		Das Abschlussrennen musste abgesagt werden.

Achte darauf, dass vor der Konjunktion *dass* ein Komma stehen muss.

5 a) Vervollständige die Nebensätze, die mit der Konjunktion *dass* eingeleitet werden.

Ich verspreche dir, dass ______.

Er glaubt nicht, dass ______.

Sie zählen darauf, dass ______.

Wir denken, dass ______.

Konjunktion = Bindewort. Die Konjunktion *dass* leitet immer einen Nebensatz ein.

b) Notiere nun den zweiten Teil der Regel, der die Schreibung von *dass* umfasst.

Die Konjunktion „dass" leitet immer ______ und steht ______.

Tipp 2, 5 ←

6 Streiche in folgenden Beispielen die falsche Schreibweise durch. Ergänze, wenn möglich, die Ersatzwörter.

Das/Dass (__________) Snowboarden ist eine spektakuläre Sportart.

Das/Dass (__________) zeigt sich auch daran, das/dass (__________) immer mehr Boards verkauft werden.

Das/Dass (__________) besondere Gefühl, das/dass (__________) man beim Fahren hat, lässt sich nicht so einfach beschreiben.

7 Setze die entsprechenden Formen von *das* oder *dass* ein. Überprüfe deine Lösung, indem du den Satz dahinter mit den möglichen Ersatzwörtern notierst.

Ich glaube, ________ ________ ________ Gebiet ist, über ________ ich im Fernsehen einen Bericht gesehen habe. ______________________________

____

Ist ________ Tal, ________ da drüben liegt, nicht ________, ________ ich dir neulich auf der Karte gezeigt habe? ______________________________

____

Tipp 2, 5 ←

8 Setze in den folgenden Text *das* oder *dass* korrekt ein. Notiere in Klammern, als welche Wortart *das* bzw. *dass* verwendet wird.

A = Artikel D = Demonstrativpronomen R = Relativpronomen K = Konjunktion

________ (___) Schleppliftfahren ist am Anfang ganz schön schwierig. ________ (___) glaubt man gar nicht. Beim richtigen Fallen, ________ (___) man zuerst lernt, ist es wichtig, ________ (___) man die Hände zu Fäusten ballt.

________ (___) es gestern geschneit hat, ist großartig. Während des Sesselliftfahrens kann man ________ (___) Panorama, ________ (___) einen umgibt, genießen.

Ich gehe davon aus, ________ (___) ich nächstes Jahr wieder zum Snowboarden fahren werde. ________ (___) hat mir dieses Mal viel Spaß gemacht. Allerdings glaube ich, ________ (___) noch ein bisschen Zeit vergehen wird, bis ich ________ (___) Fahren über Schanzen und andere Hindernisse beherrsche.

Teste dich!

Schreibung der s-Laute

1 Setze den korrekten *s*-Laut ein. /7

Das Geheimni___ wird nicht verraten.

Zum Abschied gab er ihr einen Ku___.

Er wei___ sehr viel über Dinosaurier.

Sie trinkt eine Ta___e Tee.

Ich rei___e das Blatt in Stücke.

Das wei___e Schaf ist das sü___este.

2 Löse folgendes Worträtsel. Gesucht sind Begriffe mit *ss* – *ß*. /9

ohne Schuhe und Strümpfe _ _ _ _ _ _

nicht lieben _ _ _ _ _ _

nicht gebräunt _ _ _ _ _

Gefäß für Getränke _ _ _ _

Komparativ von *gut* _ _ _ _ _ _

nicht trocken _ _ _ _

... und Öl _ _ _ _ _

Nomen zu *genießen* _ _ _ _ _ _

Bewegung des Wassers (Verb) _ _ _ _ _ _ _

3 **a)** Pronomen, Artikel oder Konjunktion? Setze entsprechend *dass* oder *das* ein. /16

________ (___) Laufen ist eine schöne Sportart. Klar, ________ (___) es anstrengend ist. Aber ________ (___) ausdauernde Training an der frischen Luft macht auch viel Spaß. Experten warnen allerdings davor, ________ (___) die Gelenke überlastet werden. Damit ________ (___) nicht passiert, sollte jeder Läufer ________ (___) Seinige tun: ________ (___) Training, ________ (___) meist draußen stattfindet, sollte möglichst auf weichem Untergrund und mit den richtigen Schuhen ausgeführt werden.

b) Bestimme die Wortart in den Klammern hinter den Lücken:
Artikel (A), Demonstrativpronomen (D), Relativpronomen (R) oder Konjunktion (K).

gesamt /32

Schreibung der s-Laute

Tipp 1 ←

1 a) Bei den folgenden Wörtern sind die Längen und Kürzen der Vokale bereits markiert. Schreibe die Wörter mit dem korrekten *s*-Laut auf.

bla??	der Pa??	das Gefä??	das hei??t
au??er	mü??en	flü??ig	vermi??en

b) Bilde anschließend mit jedem Wort einen Satz.

erfordern
gleichen
erschweren
bekennen
hindern
ärgern

2 a) Bilde zu den Wörtern aus der Randspalte Nomen mit der Endung *-nis*.

b) Schreibe zu jedem Nomen einen kurzen Satz. Verwende drei der Nomen in der Pluralform.

Schreibung der s-Laute

●●

1 Entscheide bei jeder Lücke, ob du *das* oder *dass* einsetzen musst. Überprüfe deine Lösung, indem du, wenn möglich, ein Ersatzwort angibst.

→ **Tipp 2, 5**

_______ (__________) Skicross eine gefährliche Sportart ist, _______ (__________) steht außer Frage. _______ (__________) bestätigen viele Statistiken. _______ (__________) Rennen, _______ (__________) von vier Fahrern gleichzeitig bestritten wird, die darum kämpfen, _______ (__________) Ziel als Erster zu erreichen, geht über mehrere Runden. _______ (__________) Schwierige ist, _______ (__________) die Strecke relativ eng ist und man bei Sprüngen und in Kurven aufpassen muss, _______ (__________) man nicht überholt wird. _______ (__________) Schöne ist jedoch, so sagen die Athleten, _______ (__________) man sich im direkten Kampf messen kann und _______ (__________) man immer genau weiß, auf welcher Position man gerade ist.

2 Bilde aus den kursiv gesetzten Wortgruppen Nebensätze, und zwar entweder

→ **Tipp 2**

- einen konjunktionalen Nebensatz mit der Konjunktion *dass* oder
- einen Relativsatz mit dem Relativpronomen *das*.

Er versprach ihr hoch und heilig *pünktliches Erscheinen.*

Er versprach ihr hoch und heilig, dass er ______________________________.

Das ihn außerordentlich interessierende Buch wollte er erst mal in aller Ruhe zu Ende lesen.

____

____

Ohne auf die Wünsche ihrer Mitschülerinnen und Mitschüler einzugehen, setzte sie einfach den Termin für eine Klassenfete fest.

____

____

Jochen zeigt seiner Freundin *das ihn interessierende Automodell.*

____

____

Übungen

Fremdwörter richtig schreiben

Was kannst du?

Tipp 3 ←

1 a) Ergänze die Wörter in der richtigen Schreibung.

Spiele zu spielen gehört zu den (ze?tralen) *zentralen* Erfahrungen unseres Lebens. Besonders (intens?) ____________ spielt der Mensch in der (Kindheits?ase) ____________. Sich spielerisch der Welt zu nähern ist dabei (chara?teristisch) ____________ für Kinder und durchaus (funktion?) ____________, denn das Spiel dient der (I?itation) ____________ der Welt der Erwachsenen. Kinder erlernen dadurch Regeln, die in der (Realit?t) ____________ beachtet werden müssen. Sie schulen also ganz nebenbei ihre (so?en) ____________ Fähigkeiten und bilden ihre (mo?orischen) ____________ Fertigkeiten aus.

b) Schreibe auf, welche Strategien dir bei der Schreibung der Wörter geholfen haben.

____

____

____

____

____

2 Ordne den folgenden Regeln passende Beispielwörter aus dem Text zu.

A Fremdwörter besitzen häufig typische Wortbausteine am Wortanfang oder -ende, z.B.: *die Physik, die Diskussion, attraktiv*

____

B Die Schreibung nach betonten langen oder betonten kurzen Vokalen weicht bei Fremdwörtern häufig von der Schreibweise deutscher Wörter ab.

____

Wortbausteine nutzen

→ Tipp 3,6

1 **a)** Fremdwörter gesucht! Ergänze in den folgenden Sätzen typische Buchstabenkombinationen und Wortbausteine.

+++ Vor 2000 Jahren trainierten römische Soldaten ihre Kondi*tion* (-zion oder tion?) mit einem Hüpfspiel. +++ Spiel____eoretiker (-t- oder -th-?) glauben, dass die ganze Welt ähnlich wie ein Spiel funktioniert. +++ „Monopoly" gehört mit aktu____ (-el oder -ell?) 250 Millionen verkauften Exemplaren zu den beliebtesten Gesellschaftsspielen. +++ Eine gute Dos____ (-is oder -iss?) Glück hilft bei jedem Spiel. +++ Beim Lottospiel sind unzählige Kombina____en (-tion oder -zion?) der 49 Zahlen möglich. +++ Eine spielerische ____ase (Ph- oder F-?) gehört zur Entwicklung eines jeden Menschen. +++ Mentales Training erhöht beim Sport die ____ance (Ch- oder Sch-?) auf einen Sieg. +++ Jede Fußballweltmeisterschaft kurbelt den Tourism____ (-uss oder -us?) an. +++

b) Überprüfe mit Hilfe der Lösung und korrigiere falsche Schreibungen.

c) Trainiere die Schreibung der Lückenwörter, die du falsch geschrieben hast.
Notiere dafür Beispielsätze und Schlagzeilen in deinem Heft, z. B.:

Trainer überzeugt: „Kondition meiner Mannschaft ist bestens!"

2 **a)** Schreibe zu jedem Lückenwort aus ↗ Aufgabe 1a möglichst viele Wortverwandte (auch Zusammensetzungen) in dein Heft.

die Kondition, konditionieren ...

b) Notiere zu jedem Lückenwort aus ↗ Aufgabe 1 a drei weitere Fremdwörter, die ähnlich „gebaut" sind.

die Kondition, die Situation, die Konzentration

Tipp
Schlage die Bedeutung von Wörtern, die du nicht kennst, im Wörterbuch nach.

3 Zwei Wörter im Kasten sind jeweils gleich „gebaut“. Schreibe die Wörterpaare auf. Umrahme typische Buchstabenkombinationen oder Wortbausteine, z. B.:

die Authentizität – die Katastrophe – die Strophe – ~~die Rhetorik~~ – sympathisch – die Phobie – der Kasus – ~~das Rheuma~~ – der Fiskus – charakteristisch – das Phänomen – der Chor

die Rhetorik – das Rheuma, ______________________

____

____

____

____

____

____

Tipp 3, 6 ←

Fremdwörter werden nach Sprechsilben getrennt, z. B.: *der Phi-lo-soph*

Folgt in einem Fremdwort *l*, *n* oder *r* auf einen Konsonanten, gibt es zwei Möglichkeiten zu trennen, z. B.: *das Pub-li-kum* *das Pu-bli-kum*

4 Ergänze im Merkkasten passende Beispiele. Überprüfe mit Hilfe des Wörterbuchs.

Bei **Fremdwörtern** orientieren sich **Schreibung** und **Aussprache** an der jeweiligen Fremdsprache. Viele Fremdwörter haben **typische Buchstabenkombinationen und Wortbausteine,** z. B.:

Ch-/ch-: der Charakter, ______________________

Ph-/ph-: phasenweise, ______________________

Rh-/rh-: der Rhythmus, ______________________

Sy-/sy-: das Symbol, ______________________

Th-/th-: das Thermometer, ______________________

-age: die Collage, ______________________

-ell: aktuell, ______________________

-is: die Hybris, ______________________

-iv: definitiv, ______________________

-tion: die Inflation, ______________________

-us: der Globus, ______________________

Weitere besondere Schreibungen beherrschen

1 Fremdwörter gesucht! → **Tipp 6**

a) Ergänze in der richtigen Schreibweise. Nimm das Wörterbuch zu Hilfe, falls notwendig.

A (der musikalische Verkaufsschlager) der H I T

(der Misserfolg) der F _ _ _

(das Plättchen mit Schaltelementen) der C _ _ _

(das Düsenflugzeug) der J _ _

B (der vergleichbare Fall) die P _ _ _ _ _ _ _ _

(die berufliche Laufbahn) die K _ _ _ _ _ _ _

(der Mitarbeiter) der K _ _ _ _ _ _

(die Wirkung) der E _ _ _ _ _

C (die Eile, Unruhe) die H _ _ _ _ _

(röhrenförmige Nudeln) die M _ _ _ _ _ _ _ _

(der Streit, die Auseinandersetzung) der K _ _ _ _ _ _ _

(der Stromspeicher) der A _ _ _

b) Untersuche in jeder Gruppe die Schreibweise der Konsonanten und markiere Besonderheiten.

c) Formuliere eine vorläufige Regel zur Schreibweise, indem du die folgenden Sätze ergänzt.

In Gruppe **A** wird der Konsonant nicht verdoppelt, obwohl ...

____

In Gruppe **B** wird der Konsonant verdoppelt, obwohl nicht immer...

____

In Gruppe **C** fällt auf, dass ...

____

d) Notiere zu jeder Gruppe möglichst viele Beispiele in dein Heft. Prüfe die Schreibweise mit Hilfe eines Wörterbuchs.

Tipp 6 ←

2 Jede der folgenden Schlagzeilen enthält zwei Wörter mit langem *i*.

a) Unterstreiche sie. Umrahme das Fremdwort.

Nach schwieriger Bauphase: Kantine endlich eröffnet

Den Spielern fehlt es an Disziplin!

Tarifverhandlungen vorerst gescheitert: Vielfach drohen Streiks

Tipp
Schlage die Bedeutung von Wörtern, die du nicht kennst, im Wörterbuch nach.

b) Vergleiche die Schreibweise beider Wörter. Notiere stichwortartig, was dir in Bezug auf die Fremdwörter auffällt.

Tipp 1, 3 ←

3 **a)** Bilde zu den Fremdwörtern im Kasten passende Adjektive. Notiere wie im Beispiel.

die Aggression – die Definition – die Kooperation – die Konstruktion – die Konfrontation – die Produktion – die Information

die Aggression – aggressiv,

b) Umrahme die Adjektivendungen. Notiere stichwortartig, was dir bei der Schreibweise auffällt.

Anders als in deutschen Wörtern wird **in manchen Fremdwörtern nach einem betonten kurzen Vokal** der Konsonant nicht verdoppelt, z. B.:

der Hit, fit, top, der Shop

In **Fremdwörtern wird der Konsonant oft verdoppelt**, auch wenn der **vorausgehende kurze Vokal nicht betont ist,** z. B.:

die Grammatik, die Fassade, die Differenz, korrigieren

Bei **vielen Fremdwörtern** wird das **betonte lange *i* mit einem einfachen *i* geschrieben**, z. B.:

die Politik, das Defizit, der Stil, die Disziplin, demonstrativ, aggressiv

4 **a)** Notiere möglichst viele Fremdwörter mit einfachem *i*. Schreibe in dein Heft.

b) Trainiere die Schreibweise, indem du die Wörter in mindestens drei Beispielsätzen verwendest.

Fachbezogene Fremdwörter richtig schreiben

1 **a)** Im folgenden Cluster findest du Fremdwörter zu einem Themenbereich. → Tipp 6

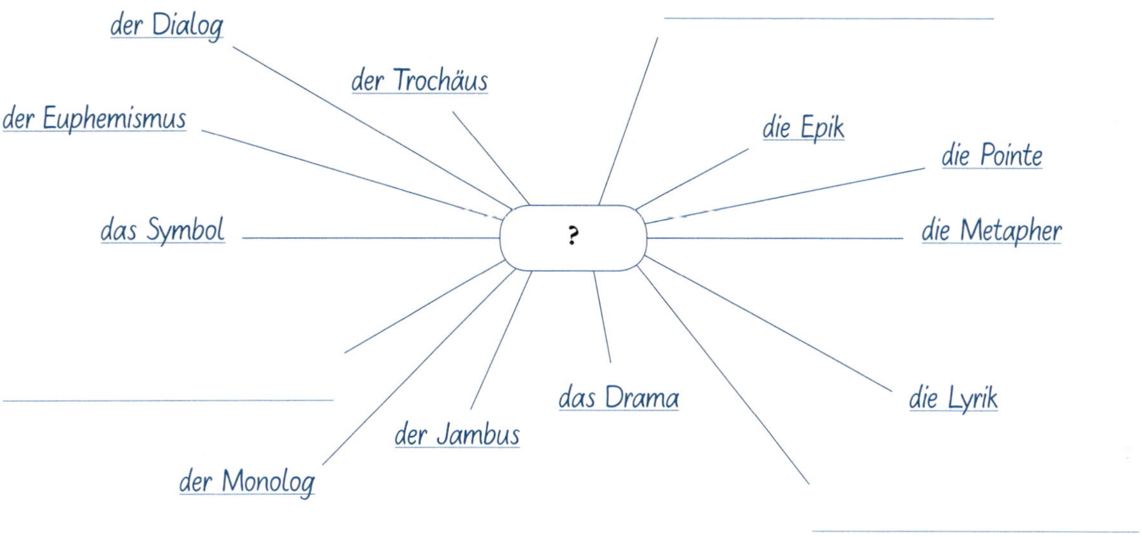

b) Zu welchem Themenbereich passt die Wörtersammlung? Kreuze an.

☐ Politik ☐ Wirtschaft ☐ Medien ☐ Wissen ☐ Technik

☐ Sport ☐ Reise ☐ Literatur ☐ Medizin ☐ Beruf

c) Ergänze in dem Cluster drei weitere passende Fremdwörter.

d) Kläre die Bedeutung der Fremdwörter, die du nicht kennst, mit Hilfe eines Wörterbuchs. Verwende sie in einem Beispielsatz und schreibe in dein Heft.

Der Dialog bezeichnet im Drama die Wechselrede zwischen zwei Figuren.

2 **a)** Erstelle zu einem weiteren der unter ↗ Aufgabe 1 b genannten Themenbereiche einen Cluster. Ergänze passende fachbezogene Fremdwörter. → Tipp 3

b) Notiere weitere Wortverwandte (auch Zusammensetzungen).

c) Überprüfe die Schreibweise mit Hilfe eines Wörterbuchs.

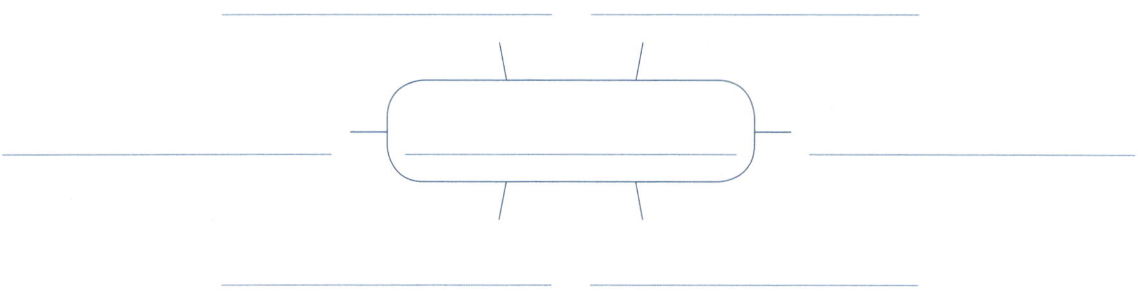

Pluralformen richtig schreiben

Tipp 6 ←

1 a) Ergänze in den folgenden Sätzen die passenden Fremdwörter im Plural. Überprüfe deine Lösungen mit Hilfe eines Wörterbuchs.

+++ Zur Spieltheorie kann man sich in verschiedenen *Lexika* (das Lexikon) informieren. +++ Viele __________ (die Firma) sind __________ (der Sponsor) erfolgreicher Sportlerinnen und Sportler. +++ Wer gerne __________ (das Risiko) vermeidet, sollte aufs Eishockeyspielen verzichten. +++ In Deutschland gibt es zahlreiche __________ (das Museum), in denen man sich über verschiedene __________ (das Sportthema) informieren kann. +++ Sport zu treiben gehört für viele zu den beliebtesten __________ (das Hobby). +++ Während der Einnahme von __________ (das Antibiotikum) sollte man sportliche Anstrengung vermeiden. +++ Wer Sportmanagement studiert, absolviert während seines Studiums mehrere __________ (das Praktikum). +++ Auf dem Fußballfeld sind meist verschiedene __________ (der Spielertypus) vertreten. +++

b) Prüfe, welche Nomen die gleiche Pluralendung haben. Markiere sie in derselben Farbe.

c) Markiere die Pluralendungen der anderen Wörter in einer anderen Farbe.

Tipp 3, 6 ←

2 Ergänze bei den folgenden Nomen die Form im Singular. Prüfe mit Hilfe des Wörterbuchs.

die Globen - __________, *die Charaktere -* __________

die Rhythmen - __________, *die Computer -* __________

die Viren - __________, *die Handys -* __________

die Aromen - __________, *die Konten -* __________

Bei vielen **Fremdwörtern** bildet man die **Pluralform** anders als bei deutschen Wörtern. Folgende Endungen tauchen **häufig** auf:

die Praxis – *die Praxen*, das Stadion – *die Stadien*, das Album – *die Alben*, das Datum – *die Daten*, der Atlas – *die Atlanten*, das Drama – *die Dramen*,
das Baby – *die Babys*, der Job – *die Jobs*, die Party – *die Partys*

Seltener:

das Visum – *die Visa*, das Examen – *die Examina*
das Solo – *die Soli*, der Espresso – *die Espressi*

Teste dich!

Fremdwörter richtig schreiben

1 **a)** Notiere die Fremdwörter, bei denen „Problemstellen" markiert wurden, in der richtigen Schreibweise. /24

(___) (au◆entisch) ______ (___) (a◆ressiv) ______

(___) (spezie◆) ______ (___) (aktue◆) ______

(___) (effekti◆) ______ (___) (kooperati◆) ______

(___) (to◆erant) ______ (___) (konstrukti◆) ______

(___) (intere◆ant) ______ (___) (enga◆iert) ______

(___) (◆aotisch) ______ (___) (rhyt◆misch) ______

(1) angriffslustig
(2) unordentlich
(3) einsatzfreudig
(4) offen, vorurteilsfrei
(5) neu
(6) wirkungsvoll
(7) gemeinschaftlich
(8) echt, unverstellt
(9) taktmäßig
(10) aufbauend
(11) spannend, anregend
(12) außergewöhnlich

b) Ordne jedem Wort eine Bedeutung aus der Randspalte zu. Notiere die passende Zahl in Klammern.

c) Endungen gesucht! Ergänze die Nomen in der richtigen Schreibweise.

die (Kombina◆) ______ der (Konfli◆) ______

die (Sympa◆) ______ die (Blam◆) ______

2 **a)** Unterstreiche im Kasten alle Nomen im Singular rot und alle Nomen im Plural blau. /4

Examina – Datum – Konten – Praxis – Risiko – Jobs – Stadien – Museum – Alben – Soli – Lexikon – Typus – Atlanten – Partys – Themen

b) Notiere jedes Nomen mit der jeweils passenden Form im Singular oder Plural. /30

______

______

______

______

______

______

______

______

gesamt /58

Fremdwörter richtig schreiben

(1) sehr/stark
(2) endgültig/fest
(3) besonders
(4) gesund/sportlich
(5) die Freizeitbeschäftigungen
(6) akademischer Titel
(7) ohne Vorurteile
(8) die Persönlichkeit

1 Bei den Fremdwörtern im Kasten sind häufige Fehlerstellen markiert.

a) Kläre zunächst die Bedeutung, indem du jedem Wort ein passendes aus der Randspalte zuordnest. Schreibe die passende Zahl in die Klammern.

immens (___) – der Charakter (___) – speziell (___) – der Doktor (___) – definitiv (___) – die Hobbys (___) – fit (___) – tolerant (___)

b) Bei der Schreibung welcher Wörter können die folgenden Grundsätze hilfreich sein? Notiere die passenden Beispiele aus dem Kasten.

A Der Laut /*k*/ wird bei Fremdwörtern häufig mit *Ch*/*ch* geschrieben.

____

B Bei Fremdwörtern wird das lange betonte *i* meist mit einem einfachen *i* geschrieben.

____

C Viele Adjektive, die von Fremdwörtern abgeleitet sind, haben typische Endungen wie *-iv, -ell, -ent.*

____

D Wörter aus dem Englischen, die auf *y* enden, erhalten im Plural ein *s*.

____

E Oft wird der Konsonant bei Fremdwörtern verdoppelt, auch wenn der vorausgehende kurze Vokal nicht betont ist.

____

F Der Konsonant wird bei Fremdwörtern nach einem betonten kurzen Vokal oft nicht verdoppelt.

____

c) Ergänze zu jedem Grundsatz drei weitere Wortbeispiele.

d) Formuliere zu jedem Grundsatz einen Satz, in dem eines der Beispielwörter vorkommt. Schreibe in dein Heft.

Fremdwörter richtig schreiben

1 **a)** Formuliere die folgenden Sätze um, ohne den Sinn zu verändern. Bilde hierfür zu den fett gedruckten Nomen verwandte Adjektive.

b) Markiere in den umformulierten Sätzen jeweils die beiden Fremdwörter.

- Er wählte ein Thema, das auf breites Interesse stieß.

  Er wählte ein interessantes Thema. ______________________________

- Der Konflikt, der von **Aggressionen** geprägt war, beschäftigte alle.

  ____

- Auf der Party, die eine **Sensation** war, feierten die Gäste bis in den Morgen.

  ____

- In unserer Klasse herrscht eine Atmosphäre, die von **Toleranz** gekennzeichnet ist.

  ____

- Durch das Training, das sich durch **Intensität** auszeichnete, erreichte sie ihr Ziel.

  ____

2 **a)** Markiere bei den Fremdwörtern in ↗ Aufgabe 1 mögliche Fehlerstellen bzw. Schreibweisen, die auffällig von der deutschen abweichen.

b) Schreibe die Fremdwörter nach Gruppen sortiert in dein Heft (z. B. typische Endungen, typische Konsonantenschreibung).

c) Ergänze in jeder Gruppe möglichst viele weitere Wörter.

3 Notiere zu den folgenden Fremdwörtern die passenden Formen im Plural.

→ **Tipp 3,6**

das Praktikum – *die* ____________	der Globus – ____________
das Pony – ____________	das Handy – ____________
das Museum – ____________	das Drama – ____________
das Album – ____________	der Atlas – ____________
das Thema – ____________	das Baby – ____________

Rechtschreiben üben – Texte schreiben

Strategien beim Schreiben anwenden

1 Wie sicher du in der Rechtschreibung bist, kannst du beim Schreiben eigener Texte erproben.

a) Lies folgende Schlagzeilen, die in verschiedenen Zeitungen auftauchten.

Fischer fängt Wildschwein im Atlantik

Schneesturm verlängert Silvesterparty

Bankräuber überreicht Blumenstrauß

b) Bearbeite entweder A oder B.

A Erzähle eine Geschichte zu der Schlagzeile deiner Wahl.

- Plane den Aufbau deines Textes und notiere Stichworte.
- Formuliere den Text mit Hilfe deiner Planung aus.
- Suche zum Schluss eine passende Überschrift.

Beachte, dass eine Geschichte spannend erzählt und der Leser unterhalten wird.
Hinweis: Dein Text sollte 200 bis 300 Wörter umfassen.

Weiße Überraschung

In diesem Jahr wollten wir etwas ganz Besonderes unternehmen und mieteten uns zu Silvester eine abgelegene Hütte in den Bergen. ...

B Verfasse einen längeren **Zeitungsbericht**, der zu der Schlagzeile deiner Wahl passt.

- Notiere *W*-Fragen, die der Bericht beantworten sollte, und schreibe passende Stichworte auf.
- Formuliere den Text anhand deiner *W*-Fragen aus.
- Suche zum Schluss eine passende Überschrift.

Beachte, dass ein Zeitungsbericht genau und sachlich über ein Thema informiert.
Hinweis: Dein Text sollte 200 bis 300 Wörter umfassen.

Eis und Schnee verlängern Silvesterparty

Eine Gruppe von Jugendlichen ist in der Nacht zum 1. Januar in ihrer Hütte ...

Die Rechtschreibung prüfen

1 **a)** Lies die folgenden Schritte, mit denen du Texte sinnvoll berichtigen kannst.

Schritt 1: Den Text von hinten nach vorne lesen

- Lies den Text von hinten nach vorne und konzentriere dich auf jedes Wort.
- Überlege bei jedem Wort, ob es deiner Meinung nach richtig geschrieben ist.
- Unterstreiche es, wenn es eventuell verbessert werden muss.

Schritt 2: Den Text langsam lesen, auf den Satzzusammenhang achten

- Lies den Text langsam Wort für Wort, Satz für Satz durch.
- Achte auf Begleitwörter für Nomen und umrahme sie. Stelle Bezüge durch Pfeile her.
- Unterstreiche weitere Wörter, die deiner Meinung nach verbessert werden müssen.

Schritt 3: Den Text ein drittes Mal lesen, Fehler berichtigen

- Lies den Text ein drittes Mal aufmerksam durch.
- Unterstreiche weitere Wörter, die deiner Meinung nach falsch sind.
- Verbessere die Fehlerwörter und schreibe sie korrigiert an den Rand.

Schritt 4: Die eigene Korrektur prüfen

- Überprüfe den Text gemeinsam mit einer Lernpartnerin / einem Lernpartner.
- Schlage schwierige Wörter im Wörterbuch nach.

b) Überprüfe deinen Text von ↗ S. 62, Aufgabe 1 anhand der vier Schritte. Überarbeite die Texte und korrigiere dabei Fehlerwörter.

2 Mit Hilfe der beiden Checklisten auf den folgenden Seiten kannst du feststellen, in welchen Rechtschreibbereichen du schon sicher bist und in welchen du noch weiter üben musst.

a) Wähle zunächst drei bis fünf Texte aus, die du geschrieben hast und deren Rechtschreibung du kontrolliert und ggf. berichtigt hast.

b) Markiere Fehler, die zu einem Rechtschreibbereich gehören (z. B. Groß- und Kleinschreibung oder Getrennt- und Zusammenschreibung) in der gleichen Farbe.

3 **a)** Prüfe die markierten Fehler genauer und verschaffe dir mit Hilfe des „Rechtschreib-Schnellchecks“ einen Überblick über dein Rechtschreibkönnen und deinen Übungsbedarf.

b) Untersuche nun genauer, welche Aspekte im jeweiligen Übungsbereich dir besonders schwerfallen: Führe in diesen Bereichen den „Ausführlichen Rechtschreib-Check“ durch.

Rechtschreibkönnen bestimmen – Übungsbedarf feststellen

Rechtschreib-Schnellcheck		
	das kann ich schon	das muss ich noch üben
Großschreibung, z. B.: Nomen und Nominalisierungen, feste Wendungen, Zeitangaben (als Nomen verwendet), Zahlwörter (als Nomen verwendet), Eigen- und Straßennamen, Anredepronomen		
Kleinschreibung, z. B.: Zeitangaben mit *-s* am Ende und Zeitadverbien, Grund-, Ordnungs- und Bruchzahlen, Denominalisierungen		
Schreibung von betonten langen Vokalen, z. B.: Wörter mit einfachem Vokal, Wörter mit Dehnungs-*h*, Wörter mit Doppelvokal, Wörter mit *ie*		
Schreibung nach betonten kurzen Vokalen, z. B.: Wörter mit zwei oder mehr verschiedenen Konsonanten, Wörter mit Doppelkonsonanten		
Getrenntschreibung, z. B.: Verbindungen aus Nomen und Verb, Verbindungen aus Verb und Verb, Verbindungen aus Adjektiv und Verb/Partizip mit wörtlicher Bedeutung, Verbindung aus Adverb und Verb/Partizip mit wörtlicher Bedeutung		
Zusammenschreibung, z. B.: Nominalisierungen, Verbindungen aus Adjektiv und Verb/Partizip mit übertragener Bedeutung, Verbindungen aus Adverb und Verb/Partizip mit übertragener Bedeutung		
Schreibung der *s*-Laute, z. B.: *ß* nach betontem langem Vokal, *ss* nach betontem kurzem Vokal, Wörter mit *-nis*; Schreibung von *dass* oder *das*		
Fremdwörter und besondere Fälle der Rechtschreibung, z. B.: typische Bausteine, besondere Schreibung von Konsonanten und Vokalen, Pluralformen, Wörter mit *V*/*v*		

Ausführlicher Rechtschreib-Check		
	das kann ich schon	das muss ich noch üben
Groß- und Kleinschreibung		
Nomen an ihren Begleitwörtern erkennen und großschreiben, z. B.: *Wir bearbeiten unterschiedliche Aufgaben.*		
Nominalisiere Verben erkennen und großschreiben, z. B.: *Beim Aufräumen entdeckte er alte Briefe.*		
Nominalisierte Adjektive erkennen und großschreiben, z. B.: *Ich habe etwas Lustiges gehört.*		
Feste Wendungen erkennen und großschreiben, z. B.: *im Besonderen, im Einzelnen, Bescheid wissen, im Folgenden*		
Zeitangaben, die Nomen sind, erkennen und großschreiben, z. B.: *der Abend, am Freitag, am Mittwochabend, morgen Mittag*		
Zahlen, die als Nomen verwendet werden, erkennen und großschreiben, z. B.: *Biegen Sie die Zweite rechts ab.*		
Eigen- und Straßennamen richtig schreiben, z. B.: *Rotes Kreuz, die Vereinigten Staaten, beim Grünen Jäger*		
Anredepronomen großschreiben, z. B.: *Vielen Dank für Ihre Bewerbung.*		
Zeitangaben mit *-s* am Ende und Zeitadverbien erkennen und kleinschreiben, z. B.: *gestern, heute, abends, morgens*		
Grund-, Ordnungs- und Bruchzahlen erkennen und kleinschreiben, z. B.: *der dritte Mai, zweijährig, die fünf Stühle*		
Denominalisierungen richtig schreiben, z. B.: *schuld sein, trotz des Regens*		
Schreibung von betonten langen Vokalen		
Wörter mit einfachem Vokal richtig schreiben, z. B.: *der Mut*		
Wörter mit Dehnungs-*h* richtig schreiben, z. B.: *lehren*		
Wörter mit Doppelvokal richtig schreiben, z. B.: *der Klee*		
Wörter mit *ie* richtig schreiben, z. B.: *schwierig*		

	das kann ich schon	das muss ich noch üben
Schreibung nach betonten kurzen Vokalen		
Wörter mit zwei oder mehr verschiedenen Konsonanten richtig schreiben, z. B.: *der Mantel, sie winkt*		
Wörter mit Doppelkonsonanten und *ck* bzw. *tz* richtig schreiben, z. B.: *messen, das Wetter, locker, benutzen*		
Getrenntschreibung		
Verbindungen aus Nomen und Verb getrennt schreiben, z. B.: *Treppen steigen, Schlange stehen, Fuß fassen*		
Verbindungen aus Verb und Verb getrennt schreiben, z. B.: *schätzen lernen, fahren lernen, einkaufen gehen*		
Verbindungen mit *sein* getrennt schreiben, z. B.: *pünktlich sein, da sein, genau sein*		
Verbindungen aus Adverb und Verb/Partizip mit wörtlicher Bedeutung getrennt schreiben, z. B.: *Können wir den Wagen zusammen schieben?*		
Verbindungen mit *allzu* und *ebenso/genauso* getrennt schreiben, z. B.: *allzu gerne, allzu oft, ebenso/genauso lange*		
Verbindungen mit *gar* und besondere Verbindungen mit *zu* und *wie* getrennt schreiben, z. B.: *gar nicht, gar nichts, zu viel, wie viel*		
Verbindungen mit *immer* getrennt schreiben, z. B.: *immer wieder, immer mehr, immer noch*		
Verbindungen aus Adjektiv und Verb/Partizip mit wörtlicher Bedeutung getrennt schreiben, z. B.: *Er hat die Frage richtig beantwortet; die richtig beantwortete Frage*		
Zusammenschreibung		
Nominalisierte Nomen-Verb-Verbindungen und Verb-Verb-Verbindungen zusammenschreiben, z. B.: *das Autofahren, das Sitzenbleiben, das Dabeisein*		
Verbindungen aus Adjektiv und Verb/Partizip mit übertragener Bedeutung zusammenschreiben, z. B.: *Der Angeklagte wurde freigesprochen; der freigesprochene Angeklagte*		
Verbindungen aus Adverb und Verb/Partizip mit übertragener Bedeutung zusammenschreiben, z. B.: *Mit dem Thema werden wir uns noch auseinandersetzen. / Heute habe ich Zeit, mich damit auseinanderzusetzen.*		

	das kann ich schon	das muss ich noch üben
Mehrteilige Adverbien, Konjunktionen, Präpositionen und Pronomen zusammenschreiben, z. B.: *diesmal, sobald, anhand, irgendetwas*		
Verbindungen aus Nomen und Adjektiven und Partizipien, z. B.: *eiskalt, bleischwer, freudestrahlend, behindertengerecht*		
Verbindungen aus gleichrangigen Adjektiven zusammenschreiben, z. B.: *nasskalt, feuchtwarm, bitterböse*		
Wörter mit der Vorsilbe *zu-* richtig schreiben, z. B.: *zugeben, zustellen, zumuten*		
Schreibung der *s*-Laute		
Wörter mit *ß* nach betontem langem Vokal richtig schreiben, z. B.: *fließen, der Stoß, ungenießbar*		
Wörter mit *s* nach betontem langem Vokal richtig schreiben, z. B.: *er las, das Gras, der Preis, der Erlös, häuslich*		
Wörter mit *ss* nach betontem kurzem Vokal richtig schreiben, z. B.: *messen, das Wissen, stressig*		
Wörter mit der Endung *-nis* richtig schreiben, z. B.: *das Ergebnis, die Praxis, das Gleichnis*		
Die Konjunktion *dass* und das Pronomen *das* richtig schreiben, z. B.: *Es freut mich, dass du zur Party kommst.* *Danke für das Buch, das du mir geschenkt hast.* *Das ist aber schön.*		
Fremdwörter und besondere Fälle der Rechtschreibung		
Fremdwörter erkennen und richtig schreiben, z. B.: *die Kondition, die Sympathie, thematisch*		
Besondere Schreibungen von Konsonanten beherrschen, z. B.: *die Toleranz, die Korrektur*		
Wörter mit einfachem *i* richtig schreiben, z. B.: *der Stil, effektiv*		
Pluralformen richtig schreiben, z. B.: *das Lexikon – die Lexika, der Atlas – die Atlanten, das Handy – die Handys, das Solo – die Soli*		
Wörter mit *V/v* oder *Ver-/ver-, Vor-/vor-* richtig schreiben, z. B.: *die Villa, der Vertrag, vertragen, die Vorstellung, vorstellen*		

Zum Üben

Richtig abschreiben und mit Diktaten üben

1 Du kannst an deiner Rechtschreibung arbeiten und sie weiter verbessern, indem du Wörter und Sätze richtig abschreibst.

- Du lernst die Schreibung, indem du dir Teilsätze einprägst und dich beim Schreiben darauf konzentrierst.
- Du korrigierst die Fehler selbst und kannst daraus lernen.

Gehe schrittweise vor:

Schritt 1: Lies den Text aufmerksam durch.

Schritt 2: Präge dir den ersten Abschnitt (bis zum Schrägstrich) ein. Decke nun die Vorlage ab und schreibe den Abschnitt auf.

Schritt 3: Vergleiche mit der Vorlage. Hake ab, wenn die Schreibung stimmt. Verbessere, wenn du Fehler findest.

Schritt 4: Formuliere mit jedem verbesserten Wort einen neuen Satz oder notiere mindestens zwei Wortverwandte.

2 Diktate können dir helfen, die Rechtschreibung zu trainieren und dich darin zu verbessern.

- Du kannst Wörter, bei denen du dich oft verschreibst, besonders üben.
- Du lernst, genau hinzuhören und dich auf Wörter und Satzteile zu konzentrieren.
- Du korrigierst deine Fehler selbstständig oder mit einer Lernpartnerin / einem Lernpartner und lernst daraus.

So übst du mit einem Partnerdiktat:

Schritt 1: Lies den Text aufmerksam und langsam durch. Schreibe Wörter heraus, die du schwierig findest. Übe sie durch richtiges Abschreiben.

Schritt 2: Lass dir den Text von einer Lernpartnerin / einem Lernpartner abschnittsweise diktieren.

Schritt 3: Lies deinen Diktattext aufmerksam durch und überprüfe die Schreibung.

Schritt 4: Kontrolliere deinen Diktattext mit Hilfe der Vorlage gemeinsam mit deiner Lernpartnerin / deinem Lernpartner. Verbessere Fehler.

Auf den folgenden zwei Seiten findest du Texte, mit denen du sowohl das richtige Abschreiben als auch das Schreiben nach Diktat üben kannst.

Übungstexte

Unglaublich, aber wahr! /

Etwas Verrücktes: / Auf ihrer Reise zum Mond / waren Astronauten so schnell, / dass die Zeit langsamer verging. / **Auch Furchteinflößendes:** / 1990 hob ein Tornado in Kansas / einen Zug mit 88 Waggons / aus dem Gleisbett. / **Daneben Unangenehmes:** / Im alten Ägypten empfahlen / Ärzte bei Zahnschmerzen, / eine frisch getötete Maus / auf das Zahnfleisch zu drücken. / **Verblüffendes:** / Eines der teuersten Mobiltelefone / der Welt ist ein Smartphone / mit einem diamantenbesetzten Platingehäuse / für eine Million Euro – / Telefongebühren nicht eingeschlossen. / **Einfach Unglaubliches:** / Ein Erdbeben ließ 1811 / den Mississippi rückwärts fließen.

Die Welt des Menschen – / geniale und auch weniger geniale Erfindungen /

Joseph Merlin erfand 1760 die Rollschuhe. / Eines Abends legte er bei einem Kostümball / einen spektakulären Auftritt mit seinen / mit Eisenrädern versehenen Schuhen hin; / allerdings krachte er dabei / in einen Spiegel. / In den 1970er-Jahren / entdeckte Art Fry einen Kleber, / mit dem er Zettel fixieren / und wieder ablösen konnte: / Die Haftnotiz war erfunden. / Die erste Spielknete war ursprünglich / als Tapetenreiniger entwickelt worden. / In einer kalten Nacht / des Jahres 1905 ließ ein Elfjähriger versehentlich / eine Tasse mit Limo und ein Stäbchen / draußen stehen – das erste Eis am Stiel. / Die aufleuchtenden Augen einer Katze / führten 1934 zur Erfindung / der Reflektoren am Straßenrand. / Das Furzkissen wurde erfunden, / als man in einer kanadischen Firma / an Gummimatten forschte. /

Die Welt des Menschen – fantastische Gebäude /

Immer mehr Häuser / werden mit Sonnenkollektoren / und Recyclingmöglichkeiten ausgestattet, / damit sie möglichst wenig Energie verbrauchen. / In „intelligenten“ Häusern / werden Beleuchtung und Heizung / von einem Computer gesteuert. / Der Kühlschrank kann den Strichcode / auf den Verpackungen lesen und meldet, / wenn Lebensmittel nicht mehr frisch sind; / Vielleicht gibt er sogar / Bestellungen beim Supermarkt auf. / Wasser und Seife sind überholt, / gereinigt wird mit Ultraschall. / Man wird dann vielleicht irgendwann auch / ein Ultraschallduschbad nehmen können. /

Gewiefte Diebe /

Räuber sind manchmal schillernde Figuren, / die sich dem Gesetz widersetzen / und einem bürgerlichen Leben verweigern. /
Die Sage erzählt von Robin Hood, / der im 14. Jahrhundert in England lebte / und Reiche beraubte, / um seine Beute / den Armen zu geben. /
Die meisten Gelehrten meinen, / dass es Robin Hood / nie gegeben habe. / Doch nach neuesten Erkenntnissen / könnte er durchaus gelebt haben. /
Ned Kelly war der berühmteste / der sogenannten Strauchdiebe, / die im 19. Jahrhundert den australischen Busch / auf der Suche nach Abenteuern unsicher machten. /

Tolle Tiere – Tierolympiade /

Geschwindigkeitsrekorde: / Das schnellste Tier der Welt / ist der Wanderfalke, der es im Sturzflug / auf über 300 km pro Stunde bringt. / Jeder kennt den Gepard / als schnellstes Landtier, / doch der amerikanische Gabelbock / ist ihm mit bis zu 100 km pro Stunde / dicht auf den Fersen. / Der Gabelbock kann dieses Tempo / viel länger durchhalten als der Gepard, / der bereits nach wenigen Sekunden erschöpft ist. /
Gewichtheber: / Ameisen können das Siebenfache / ihres Körpergewichts schleppen. / Ein Elefant kann mit seinem Rüssel / ein Auto hochheben. / Der Nashornkäfer kann das 800-Fache / seines Eigengewichts heben. / Das ist, als würde ein Mensch / einen Panzer stemmen! /
Langstreckenflüge: / Die Küstenseeschwalbe bringt es / bei ihren Wanderungen / auf fast 40 000 km pro Jahr. / Der Goldregenpfeifer fliegt in 100 Stunden nonstop / von Sibirien zu den Inseln im Südpazifik. / Ein Albatros fliegt auf der Suche / nach Futter für seine Küken / schon mal 5000 km weit. /

Höhen und Tiefen: / Der Pottwal ist ein Rekordtaucher, / der in Tiefen von mindestens 2500 m / abtauchen und fast zwei Stunden / die Luft anhalten kann. / Der Große Tümmler ist mit / einer Tauchtiefe von gut 300 m / der Champion unter den Delfinen. / Die Streifengans bringt es / auf Flughöhen von mehr als 9000 m. / Das reicht gerade, damit der Zugvogel / den Himalaja überfliegen kann, / der sich bis auf 8850 m erhebt. /

Tolle Tage – Vampirbiss /

Sie kam als Vampir, / biss zu und er fiel um. / Der liebevolle Biss einer jungen Frau / auf einem Faschingsball in Aschaffenburg (Bayern) / hat einen Österreicher / in Ohnmacht sinken lassen. / Der Mann musste ins Krankenhaus gebracht werden, / das teilte die Polizei mit. /
Die Närrin im Vampirkostüm / habe den Mann gefragt, / ob sie ihn in den Hals beißen dürfe. / Bevor dieser jedoch antworten konnte, / habe sie bereits zugebissen. / Mit den umwerfenden Folgen / hatte die Frau nach Angaben der Polizei / allerdings nicht gerechnet. / Sie habe den Mann auf keinen Fall / verletzen wollen, sagte sie. /

Zum Weiterüben

Zusatzaufgaben

1 In dem folgenden Text sind zehn Rechtschreibfehler versteckt. Streiche sie jeweils durch und schreibe das korrekte Wort darunter.

Wenn die ~~mächtigen~~ ihre Augen vor dem unvermeidlichen verschließen, so spricht man

Mächtigen

immerwieder von der sogenannten „Vogel-Strauß-Politik". Es ist aber definitif ein Märchen,

das Strauße bei drohender Gefahr ihren Kopf in den Sand stecken. Zu dem Misverständnis

könnte warscheinlich beigetragen haben, das Strauße ihren Kopf des öfteren zu Boden

schwingen, um Geräusche zum einen besser zu identifiziren, zum anderen können die Vögel

ihre Nackenmuskeln durch das hin-und-her-Schwingen entspannen.

Achtung, Fehler!

2 Welcher Tipp kann dir bei der korrekten Schreibung des unterstrichenen Wortes helfen?

Wissenswertes über Träume	Tipp
Vor einigen Jahrzehnten häuften sich in der Traumforschung	
Berichte über Träume in Schwarz-Weiß.	
Manche Wissenschaftler erklären sich das mit der damaligen	
Verbreitung des Schwarzweißfernsehens.	
Analog zum Aufkommen des Farbfernsehens wurden auch die	
Träume wieder bunt.	

3 Markiere und verbessere die 14 Rechtschreibfehler in der Fortsetzung des Texts von ↗ S. 71. Schreibe die jeweils verbesserte Schreibung unter die fehlerhafte Stelle und ergänze den Tipp, der dir beim Finden des Fehlers geholfen hat.

Tipp
Am Ende jeder Zeile ist die Anzahl der Fehler in Klammern angegeben.

	Tipp
Manche Menschen erleben „Klarträume". Das faszinierende (1)	
daran ist, dass die träumenden den Inhalt ihrer Träume kontrolieren (2)	
können. Eine untersuchung der Universität Heidelberg konnte fest stellen, (2)	
dass „Klarträumen" nicht nur eine ungewönliche Schlafaktivität ist, (1)	
sondern auch eine Hilfreiche: Bei einem Test sollten Personen üben, (1)	
eine Münze in eine zwei Meter entfernte Tasse zuwerfen. Als sie dies (1)	
nach dem aufwachen tatsächlich versuchten, hatten sie eine wesentlich (1)	
höhere Trefferquote als zu vor. In der germanischen Mythologie waren (1)	
Alben übrigens gespenstische Wesen und für Träume Verantwortlich. (1)	
In der Nacht sassen sie auf dem Brustkorb des schlafenden und (2)	
erzäugten auf diese Weise die sogenannten Albträume. (1)	

4 Groß- oder Kleinschreibung?

Bestimme bei jeder Satzgruppe die Schreibweise der Wörter in Großbuchstaben und ergänze die Lücken.

- Mir sind (FREUNDLICHKEIT) ____________ und ein (FREUNDLICHER) ____________ Umgang miteinander wichtig.
- Der Portier begrüßte mich mit einem Lächeln, diesmal mit einem besonders (FREUNDLICHEN) ____________ .
- So etwas (FREUNDLICHES) ____________ habe ich lange nicht erlebt.

- Beim Wettkampf gehörte er zu den (SCHNELLSTEN) ____________ .
- Wir sollten nichts vertagen und (SCHNELLSTENS) ____________ oder aufs (SCHNELLSTE) ____________ entscheiden.
- Das Rennpferd gehört zu den wertvollsten und zu den (SCHNELLSTEN) ____________ .

- Von Pauschalreisen halte ich im (ALLGEMEINEN) ____________ nichts.
- Er sprach recht (ALLGEMEIN) ____________ von seinem Anliegen, was typisch für ihn ist: Er bewegt sich stets nur im (ALLGEMEINEN) ____________ .
- Der Text ist einfach geschrieben und ist damit ein (ALLGEMEIN) ____________ verständlicher Text.

- Bei der Besprechung diskutieren wir über jeden (EINZELNEN) ____________ Punkt.
- Darauf können wir hier im (EINZELNEN) ____________ nicht eingehen.
- Jeder (EINZELNE) ____________ ist ab jetzt für sich alleine verantwortlich.
- Du solltest nicht immer vom (EINZELNEN) ____________ auf das Ganze schließen.

5 a) Jeder der folgenden Sätze enthält einen Fehler bei der Groß- oder Kleinschreibung. Kreise die falsch geschriebenen Wörter ein.

Achtung, Fehler!

Hast du die Beiden über den neuen Stundenplan informiert?

Über alles weitere können wir morgen Nachmittag sprechen.

Gehst du mit mir am sonntagabend ins Kino?

Wo können wir uns morgen am Besten treffen?

Kommst du Morgens gut aus dem Bett?

Wir müssen leider eine kleine Verspätung in kauf nehmen.

Das liegt in der Verantwortung jedes einzelnen.

Für die Rettung wurde alles notwendige veranlasst.

In bestimmten Situationen gerät er immer noch leicht ins stottern.

Er war nicht nur einer der besten Fußballspieler, sondern auch einer der Erfolgreichsten.

Für außenstehende ist der Konflikt nur schwer zu verstehen.

Wir haben uns im letzten Urlaub beim skifahren kennen gelernt.

Beim nächsten mal haben wir bestimmt wieder mehr Zeit.

Wir haben gestern über alles wesentliche gesprochen.

Eines abends erzählte er mir seine Lebensgeschichte.

Ich kann morgen nachmittag leider nicht am Kurs teilnehmen.

b) Korrigiere die Fehlerwörter und schreibe sie in der richtigen Schreibweise auf. Notiere Nomen mit ihren Begleitwörtern (z. B. Artikeln oder Mengenangaben). Schreibe in dein Heft.

c) Eine Meldung – viele Überschriften. Ergänze die Zeitangaben in der richtigen Schreibweise.

Rentner verschenkt Geld in der Fußgängerzone

Geldsegen am (MORGEN) ____________________

Von (MORGENS) ____________________ bis

(ABENDS) ____________________ Geldgeschenke

Verblüffte Polizei am (MITTWOCHMITTAG) ____________________

Rentner erfreut Passanten am (MITTWOCHVORMITTAG) ____________________

6 Getrennt- oder Zusammenschreibung?

a) Kreuze das jeweils richtig geschriebene Wort an.

Die ☐ rosarote ☐ rosa rote Tasche war ein echter Hingucker.

Das ☐ gutgeschriebene ☐ gut geschriebene Buch wurde oft gelesen.

Wir würden ☐ allzugerne ☐ allzu gerne noch bleiben.

Er ärgerte sich über ihre ☐ dumm dreiste ☐ dummdreiste Antwort.

Er hatte Schwierigkeiten, sich in der neuen Stadt ☐ zurecht zu finden. ☐ zurechtzufinden.

Die Antwort ist mir ziemlich ☐ schwergefallen. ☐ schwer gefallen.

Um zwei Gruppen zu bilden, müssen wir uns ☐ auseinander setzen. ☐ auseinandersetzen.

Das gemeinsame Erlebnis hat sie fest ☐ zusammen geschweißt. ☐ zusammengeschweißt.

Könnten Sie die Frage bitte ☐ noch einmal ☐ nocheinmal stellen?

Am Wochenende war das Wetter ☐ nebligtrüb. ☐ neblig trüb.

b) Schreibe die Wörter in Großbuchstaben in der richtigen Schreibweise in die Lücken.

(1) In einigen Städten gibt es Schulen, die einem das (LACHEN/LERNEN) ______________ beibringen.

(2) Die Teilnahme an dem Kurs ist uns (FREI/GESTELLT) ______________ .

(3) Ich werde mir einen Traum erfüllen und endlich (SEGELN/LERNEN) ______________ .

(4) Die (ACHTLOS/GEHALTENE) ______________ Rede enttäuschte sie.

(5) Der (RASEND/WERDEN) ______________ Mann kochte vor Wut.

(6) Um die Arbeit zu schaffen, sollten wir unbedingt jetzt (DABEI/BLEIBEN) ______________ .

c) Ordne jeder der folgenden Erklärungen einen der Sätze aus ↗ Aufgabe b zu. Notiere die Nummer des Satzes.

	Satz
Die Verbindung aus Adjektiv und Verb mit übertragener Bedeutung wird zusammengeschrieben.	
Die Verbindung aus Verb und Partizip wird getrennt geschrieben.	
Die Verbindung aus Verb und Verb wird zusammengeschrieben, weil es sich um eine Nominalisierung handelt.	
Die Verbindung aus Verb und Verb wird getrennt geschrieben.	
Die Verbindung aus Adjektiv und Verb mit wörtlicher Bedeutung wird getrennt geschrieben.	
Die Verbindung aus Adverb und Verb mit übertragener Bedeutung wird zusammengeschrieben.	

7 Welcher *s*-Laut passt?

a) Notiere die folgenden Wörter in der richtigen Schreibeweise – entweder mit *ss* oder *ß*.

(Mü◆en) ______________ Zugvögel eine Mindestgröße haben?

Stimmt es, (da◆) __________ schon Julius Cäsar Ketchup (a◆) __________ ?

Was bedeutet das Wort („Pa◆“) __________ ?

Kann man seine Muttersprache

(verge◆en) ________________ ?

Warum ist (wei◆e) ____________ Schokolade

(wei◆) ____________________ ?

Seit wann (i◆t) __________ man mit (Me◆er)

______________ und Gabel?

Warum wurden Konservendosen jahrelang mit Hammer und

(Mei◆el) ______________ geöffnet?

Wie wurde der (Klettverschlu◆) __________________

erfunden?

Wo fragt man zur (Begrü◆ung) _________________ ,

ob man schon (gege◆en) ______________ hat?

b) Der folgende Lückentext beantwortet eine Frage aus ↗ Aufgabe 7 a.
Ergänze die Wörter mit den fehlenden *s*-Lauten.

Menschen, die längere Zeit – zum Beispiel an die 30 Jahre – im Ausland leben und ihre Muttersprache nicht benutzen, können sie tatsächlich verlernen. Sie (verge◆en) ________________ Wörter oder (wi◆en) ____________ nicht mehr so genau, wie man sie ausspricht. Der periphere Wortschatz wird (eingebü◆t) __________________ , also alles, was nicht so oft vorkommt. (Au◆erdem) ______________ wird der Satzbau einfacher, das (hei◆t) __________ , die Komplexität der Muttersprache nimmt ab. Der sogenannte Grundwortschatz (Mutter, Hund, (e◆en) __________ , trinken etc.), der auch am frühesten erworben wurde, bleibt am längsten erhalten.

8 *Dass* oder *das*?

Ergänze in der richtigen Schreibweise.

- Es ist bekannt, ______ Cornflakes von den Brüdern John und Will Kellogg erfunden wurden. ______ ist eine Lebensmittellegende.
- Es ist erstaunlich, ______ in Deutschland jeder zwanzigste Einkaufswagen innerhalb eines Jahres entwendet wird.
- Das Wort „Taxi" stammt von „Taxameter", dem Gerät zur Fahrpreisermittlung, ______ in jedes Taxi eingebaut ist.
- Die Anordnung der Schreibmaschinen-Buchstaben sorgt dafür, ______ die am häufigsten benutzten Buchstaben räumlich getrennt werden.

- ______ manche Tiere, wie z. B. der Museumskäfer, gar kein Wasser trinken, wissen viele nicht.
- Vor allem Menschenaffen wie Schimpansen scheinen dazu in der Lage zu sein, ______ eigene Gesicht im Spiegel wiederzuerkennen.
- Das kürzeste Theaterstück, ______ je geschrieben wurde, ist „Breath" von Samuel Beckett. Es stammt aus dem Jahr 1969 und dauert 35 Sekunden.
- Man vermutet, ______ dem Franzosen Joseph Nicéphore Nièpce 1826 das erste Foto der Welt gelang.
- ______ einige Singvögel Handyklingeltöne imitieren können, hat schon viele erstaunt.
- Einige Vögel wurden schon in Höhen von 9000 und 10 000 Metern gesichtet, ______ wurde berichtet. ______ ist sehr hoch.
- Dadurch, ______ Eier oval und nicht rund sind, bleiben sie besser im Nest liegen.

9 Fremdwörter gesucht!

Die folgenden Fremdwörter werden häufig falsch geschrieben. Sie sind alphabetisch geordnet und in Klammern kurz umschrieben. Ergänze die Lücken. Notiere die Nomen mit ihren Artikeln.

A *die Adresse* (die Anschrift), ______________ (angriffslustig, streitsüchtig), ______________ (kleine Wohnung), ______________ (die Stimmung), ______________ (die Lehre vom Schall), ______________ (der Aufruf),

B ______________ (prachtvoll, bewundernswert)

C ______________ (italienisches Kaffeegetränk mit aufgeschäumter Milch),

D ______________ (genau, ausführlich), ______________ (laienhaft, schlampig), ______________ (das Unglück, das Verhängnis)

E ______________ (die sprachliche Auslassung, Stilmittel in Gedichten)

F ______________ (der Fehlschlag)

G ______________ (die Kleiderablage), ______________ (die schnellste Gangart eines Pferdes), ______________ (die Straßenkunst)

H ______________ (die Unruhe, die Eile)

I ______________ (anstecken), ______________ (die Machenschaft, die Hinterhältigkeit)

J ______________ (die Jacke, das Anzugoberteil)

K ______________ (bei Kindern beliebtes, sich drehendes Gerät auf Jahrmärkten), ______________ (die Gegnerschaft), ______________ (verbessern)

L ______________ (der tragbare Computer)

M ______________ (röhrenförmige Nudeln), ______________ (kalte, weiße Soße aus Eigelb und Öl), ______________ (italienischer Weichkäse)

N ______________ (die Ruhelosigkeit, die Gereiztheit)

O ______________ (echt)

P __________ (das Oberhaupt der katholischen Kirche), __________ (die Kiste, größere Postsendung), __________ (die Darstellung einer Szene, ohne zu sprechen), __________ (nebeneinander, vergleichbar), __________ (die Anwesenheit), __________ (die Vorliebe)

R __________ (das Nachdenken), __________ (die Wiederherstellung, Ausbesserung), __________ (das Gleichmaß, der Takt)

S __________ (merkwürdig, verdächtig), __________ (italienische Teigware), __________ (nett, angenehm)

T __________ (Körperkunst), __________ (kurze Reise, Ausflug), __________ (der sportliche Wettkampf)

Z __________ (Ort artistischer Darbietung), __________ (gurkenähnliches Gemüse)

10 a) Prüfe deine Antworten in den ↗ Aufgaben 1–9 mit Hilfe der Lösungen. Schlage Fremdwörter im Wörterbuch nach und korrigiere falsche Schreibweisen.

b) Welche Fehler hast du übersehen? Welche Lücken hast du nicht richtig ergänzt? Welche Antworten hast du falsch angekreuzt?

Übertrage die folgende Beispieltabelle in dein Heft. Schreibe zu jedem Fehler, den du gemacht hast, eine kurze Fehleranalyse.

Fehleranalyse		
Fehlerwort	Warum ist das Wort falsch geschrieben? Welche Regel gilt?	Wie könnte man den Fehler vermeiden?
die Mächtigen	*Das Wort ist ein nominalisiertes Adjektiv und muss großgeschrieben werden.*	*auf Begleitwörter im Satz achten (hier: Artikel „die")*
...	...	...